O CORAÇÃO DAS COISAS

Proibida a reprodução total ou parcial em qualquer mídia
sem a autorização escrita da editora.
Os infratores estão sujeitos às penas da lei.

A Editora não é responsável pelo conteúdo deste livro.
O Autor conhece os fatos narrados, pelos quais é responsável,
assim como se responsabiliza pelos juízos emitidos.

Consulte nosso catálogo completo e últimos lançamentos em **www.editoracontexto.com.br**.

O CORAÇÃO DAS COISAS

Leandro Karnal

Copyright © 2019 do Autor

Todos os direitos desta edição reservados à
Editora Contexto (Editora Pinsky Ltda.)

Foto de capa
Régis Filho

Montagem de capa e diagramação
Gustavo S. Vilas Boas

Revisão
Bruno Rodrigues

Dados Internacionais de Catalogação na Publicação (CIP)

Karnal, Leandro
O coração das coisas / Leandro Karnal. –
São Paulo : Contexto, 2019.
272 p.

ISBN: 978-85-520-0143-0

1. Cultura – Crônicas 2. História – Crônicas
3. Filosofia – Crônicas 4. Crônicas brasileiras I. Título

19-0761   CDD B869.8

Angélica Ilacqua CRB-8/7057

Índices para catálogo sistemático:
1. Crônicas brasileiras

2019

Editora Contexto
Diretor editorial: *Jaime Pinsky*

Rua Dr. José Elias, 520 – Alto da Lapa
05083-030 – São Paulo – SP
PABX: (11) 3832 5838
contexto@editoracontexto.com.br
www.editoracontexto.com.br

Para Fabiana Knipl Rodrigues.

Um livro que tem este título deve ser dedicado a você.
Sua generosidade e afeto a tornam sinônimo de coração.

Sumário

Introdução   11

PARTE UM
A microfísica da vida

Um mundo com menos   17

Justiça e vingança   21

Receita parcial de equilíbrio   25

Quem precisa
de sabedoria instantânea?   29

Karnal, você é comunista?   33

O prazer de Gilda e o nosso   37

Outonos   40

Liberdade de expressão   44

Eu adoraria   48

Fake news	52
Enrolar e procrastinar	56
O coração das coisas	59
Trágicos e cômicos	63
O deus das pequenas coisas	67
O triplo pai	70
Ódio nostálgico	74
Sincericídio	78
A arte da conversa	82
A perfeição	85
O sentido da vida	88
O tempo e o sexo	92
O perfume	96
O exercício da humildade	100

PARTE DOIS
O tempo e a História

O Aleph e o hipopótamo	105
A eleição de George Washington	111
As surpresas da prisioneira 29700	115
As rugas dos hippies	119
Fleuma coroada	123
Aprender e esquecer	127
Estado e nação	131
Brasil de mármore e de murta	135
Amnésia legal	139
Se não eu, quem?	143

A maioridade de um país	**147**
Os novos leitores	**151**
A vitória de Vitória	**155**
A independência deles e a nossa	**159**
Imigrar	**163**
Fazer História	**167**
Mistérios do tempo	**176**
O labirinto do futuro	**180**
Crer para ver	**184**

PARTE TRÊS
Deus e os homens

Tartufismo	**191**
A oração do mundo	**195**
Os degredados filhos de Eva	**199**
O fim teatral	**203**
Vá com Deus	**207**
É Círio outra vez	**211**
O ponto final	**215**
O conforto da crença	**218**
A medida das coisas e do Natal	**222**

PARTE QUATRO
Educar quem e como?

A inteligência do seu filho	**227**
O futuro da escola	**231**
Como estudar	**235**

PARTE CINCO
O universo cultural

Arte, pompa e circunstância **241**

O mundo como teatro **245**

O fim das bibliotecas? **251**

O suave roçar da língua **255**

O rio da minha aldeia **259**

Traduzir **263**

O autor **267**

Introdução

Em 2017, surgiu pela Editora Contexto a primeira reunião das minhas crônicas no Estadão: *Diálogo de Culturas*. No ano seguinte, o livro *O mundo como eu vejo* chegava às livrarias. Completando a família, eis o terceiro, que você, estimado leitor e querida leitora, segura diante de si. Como no livro de 2018, dividi os temas em partes que representam diversos caminhos do meu pensamento: "A microfísica da vida", "O tempo e a História", "Deus e os homens", "Educar quem e como?" e "O universo cultural". São campos que me seduzem um pouco mais do que outros. No sentido positivo e negativo da expressão, sou um polímata, uma pessoa interessada em muitas coisas.

A natureza do gênero crônica e a minha formação alargam os dois primeiros setores. Tenho um olhar atento para o cotidiano e a experiência nasce da rua. Observo uma cena na fila do aeroporto, um pequeno ato na rua, uma situação hilária ou triste: a escrita é o estuário de muitos pequenos filetes d'água. O ato individual remete a alguma leitura, vivência anterior ou devaneio que busca amparo bibliográfico e conceitual. Ver o todo pela parte e adensar coisas passageiras em seu sentido maior: eis minha maneira de encarar o coração de tudo.

Com talento menor sigo o modelo de Michel de Montaigne. O modelo dos ensaios do francês sempre foi poderoso para minha busca. O filósofo se junta a Shakespeare, à Bíblia e aos acontecimentos históricos como as peças centrais da canastra da qual extraio as ideias.

Escrever é uma ourivesaria meticulosa e algo obsessiva. No avião ou nas minhas alvoradas produtivas, vejo a tela e suponho um tema e um caminho mental para desenvolvê-lo. Tudo transcorre em silêncio abissal. De repente, na rua ou por mensagem eletrônica, surge a personagem central: o leitor. É um dos momentos bons da existência: você se comunica com alguém que não conhece pessoalmente. Escrita é ponte e lente. Une pessoas e traduz visões. A ideia sai de mim, cresce, voa, encontra outra consciência e é refeita e ressignificada. A compreensão varia entre o autor e o leitor, mas ela não pertence, a rigor, a nenhum dos dois. Esse é o ponto mais interessante da produção cultural.

Peço ideias, submeto a revisões e discuto temas com três pessoas muito especiais: Luiz Estevam de Oliveira Fernandes, Rose Karnal e Valderez Carneiro da Silva. Sem eles não seria possível escrever ou o resultado seria pior. Muito obrigado a eles, do fundo do meu coração.

O título saiu de uma crônica: "O coração das coisas". A ideia não é mostrar aquele texto sobre o coração músculo e o coração símbolo como o texto mais definidor. A ideia é que tudo possui uma parte interna, um coração, uma alma para quem desejar, uma essência, se nosso senso filosófico não estiver de mau humor. Olhar além da aparência, pensar o interior de tudo, ver partes que a fala, o gesto e o fato parecem ocultar, eis o motivo do título. Viver é decifrar signos "sem ser sábio competente", como cantava Violeta Parra. Os signos nos excedem, como excederam Violeta, que acabou se matando. É sempre preciso ter esperança, muita paciência, humildade e tentar, de vez em quando, ouvir o bater do coração das coisas. Esse tem sido o meu desafio. Eis uma parte do meu itinerário pela frente. O texto é seu, querida leitora e estimado leitor. Os signos agora buscam a reinvenção pela janela do seu olhar e pela generosidade do seu coração. Obrigado!

PARTE UM
A microfísica da vida

Um mundo com menos

Minha infância foi a comum da classe média brasileira de então. Se eu tivesse de identificar a grande diferença entre ser uma criança em 1970 e hoje, no mesmo patamar social, apontaria para a variedade atual. Variedade do quê? Tudo.

Sobre a mesa da nossa cozinha repousavam bananas, laranjas, ocasionalmente maçãs. Havia um abacateiro por perto e, na época certa, os frutos ameaçavam carros e cabeças. Minha avó tinha uma videira com cachos de uma uva rosada. Gostávamos das mexericas, chamadas no Sul de bergamotas. Surgia de quando em vez um tipo de mamão amarelo e algum melão. Nada de kiwis ou da bela e insípida fruta-dragão. Desconhecíamos physalis. Vi minha primeira lichia já doutor.

Havia chocolates. Eram sempre doces e com leite. Hoje há com 75% de cacau, com leite, com pimenta e com grãos de flor de sal. O café chegou ao paroxismo máximo: descafeinado, com aroma, intensidades variadas, com espuminha de leite, nuvem leve de canela, traços de pó de cacau e até grãos defecados por um animal. O simples refrigerante, hoje, comporta as possibilidades de vir acompanhado de gelo, limão em rodelas, suco espremido ou fatias de laranja. Também pode ser zero, diet ou com sabores especiais.

Quase tudo que ocorreu faz parte de um processo de mundialização cada vez mais intenso. Exportamos e importamos com maior facilidade. Além dos fatos econômicos e geopolíticos, a informação circula mais e entre mais gente. Apesar da explicação óbvia, há mais coisas atrás do biombo.

Eu usava um calçado esportivo preto chamado Ki-chute nas aulas de Educação Física. Hoje, uma prateleira de tênis na loja é uma festa de cores cada vez mais impressionantes. É difícil escolher agora, em parte porque ficaram mais caros e em parte porque trazem excesso de informações. Sempre vejo nos tênis atuais a chance boa de que, em caso de cair em meio à neve em área isolada, serei visível até para um satélite do espaço.

Todo mundo que teve menos escolha e liberdade olha para hoje com a tendência de indicar que era mais feliz com menos e que as crianças atuais são mais entediadas. O desejo do consumo existe em todos os grupos sociais, ainda que nem todos possam atendê-lo. Zygmunt Bauman chega a sugerir que as lojas sejam denominadas farmácias, porque oferecem remédios para variados males. Está triste? Compre! Está eufórico? Compre! Está com tédio? Compre!

O mundo da internet tem um efeito secundário importante. Ele escancara as possibilidades de tudo para todos. Mesmo que eu não possa comprar x ou y, estou exposto às ofertas. Sou seduzido como um Ulisses amarrado ao mastro, ouvindo sereias e ficando insano. A loucura passageira do rei de Ítaca pode ilustrar bem o desejo de consumir ainda que o ato da compra seja impossível. As sereias excedem a possibilidade de renúncia. Todos queremos nos atirar às rochas dos produtos.

Havia diferenças sociais (inclusive maiores do que as de hoje) quando eu tinha 7 anos. Havia pobres e ricos e, provavelmente, um maior conformismo com as desigualdades. É difícil comparar épocas. Queríamos coisas e desejávamos consumir. Tenho a sensação subjetiva de que aceitávamos melhor a recusa da nossa vontade. Não era necessário, parece, que as crianças fossem intensamente felizes 24 horas por dia.

Despontam duas diferenças notáveis que tornam a infância e a juventude de hoje distintas da minha. Associamos a ideia de variedade ao conceito de liberdade. Mais coisas a escolher parece representar maior liberdade, quando apenas quer dizer mais coisas a escolher. A expansão dos nomes das pizzas no cardápio não gera um aumento na qualidade do que é oferecido, tampouco alegria efusiva. Ter tudo à disposição roça em quase ter nada.

Temos equilibrado no mundo atual dois malabares no ar instável: a oferta excessiva de coisas para um grupo e a negação do consumo para muitos. Isso gera uma frustração muito grande. Seria como matar de fome uma pessoa em uma *delicatessen* com cheiros sedutores.

Como explicar que a diminuição visível da desigualdade de renda em alguns anos deste século não foi acompanhada de uma queda de furtos ou roubos? Devemos levar em conta que a força do consumo aumentou e nem sempre o crime é famélico. A lei é quebrada pela busca de *status*, por um celular mais avançado e pelo tênis importado. Matamos e morremos por logomarcas e seu valor simbólico. Uns estão entediados pelo excesso e outros ressentidos pela falta. Ambos constituem uma dupla complicada para um projeto nacional.

O processo de globalização é irreversível. As promessas de variedade e abundância foram incorporadas no mundo do desejo de muitas pessoas. Todos querem ser felizes e isso, hoje, implica consumir. Lógico que, no modelo atual, o consumo é insustentável. O padrão da classe média norte-americana não pode ser universalizado, o planeta não aguentaria o modelo. O primeiro problema está aí. O segundo está na tensão causada pela exposição clara de altos padrões de consumo para todos, inclusive para quem não pode adquirir as coisas que deseja. Em função disso, aumenta tanto a dor social de quem nada tem como o endividamento dos que possuem pouco.

Por fim, o terceiro e último problema: acima dos padrões das necessidades básicas, o consumo não tem poder redentor ou de esteio de felicidade. É um ópio, uma cortina de fumaça, uma forma de não encarar as questões centrais. Eis um enorme desafio para ensinar às próximas gerações.

Justiça e vingança

No escritor romano Tácito, encontramos a possível origem de uma ideia que seria repetida por muitos pensadores moralistas e pessimistas: os homens apressam-se mais a retribuir um dano do que um benefício, porque a gratidão é um peso e a vingança, um prazer. Ofensas perdoadas (como em *Os miseráveis*, de Victor Hugo) ou causadoras de toda a trama (como na telenovela *Avenida Brasil*) trazem à tona nosso melhor e nosso pior. Em qualquer enredo, o momento em que a sofrida mocinha, que vinha suportando barbaridades desde o primeiro capítulo da novela, finalmente ergue um olhar de rebeldia e esbofeteia a vilã registra pico máximo de audiência. Sim, da Roma de

Tácito à França de La Rochefoucauld, vingar-se é um prazer. Se o deleite puder ser envolvido na sua máscara mais frequente, a justiça, chegamos ao nirvana absoluto das delícias humanas. Buscar justiça é mais edificante do que buscar vingança. Nosso demônio interno adora usar a espada do anjo da justiça.

A Lei de Talião está nas fibras profundas da nossa existência. A vendeta épica, como no filme argentino *O segredo dos seus olhos* (Juan José Campanella, 2009), é pouco acessível aos mortais como nós. O custo de uma vingança tão extraordinária como a descrita no longa é o uso de todo o tempo de vida. Tal obsessão implica um ódio e uma memória muito especiais. Poucas pessoas querem pagar o preço total. Quando conseguem, formam a narrativa de *O conde de Monte Cristo*, de Alexandre Dumas.

Como não somos santos generosos e extraordinários com o poder de perdão do Monsenhor Bienvenu da já citada obra romântica francesa, também não teremos vinganças dignas de enredos comoventes. Quase todos somos medíocres no amor e nos ódios. Restam-nos as pequenas vinganças... Não tendo acesso ao elenco principal, nosso papel coadjuvante tem sido bem elaborado. Nosso dia a dia é tomado por microprazeres do "olho por olho e dente por dente".

Recordo-me de uma história narrada por uma grande amiga. Casada com um homem muito incisivo (amo eufemismos), descreveu um episódio de vida turística com o consorte. Estando em Nova York, ela presenciou uma compra e como ele pagou em dinheiro. A responsável, zelosa e cumpridora de uma norma superior, pegou cada nota e as examinou com um pudor único. Olhou contra a luz uma a uma, apalpou, passou o dedo exigente sobre as microrranhuras do meio circulante para, enfim, encerrar o ritual da probidade com uma caneta capaz de eliminar as últimas dúvidas.

O marido em questão, em vez de reclamar imediatamente como estava habituado, assumiu uma posição cordata e silenciosa que trouxe estranheza à esposa, sabedora do seu gênio querelante. Ele sorria. Por que um homem demarcador rígido de espaços sorria diante da desconfiança indireta que lhe era imputada? Obviamente porque já antecipava sua vingança, sua pequena guerrilha de contra-ataque ao ato indigno de pública dúvida sobre sua honestidade.

A quantidade de fregueses à espera era grande na loja no coração de Manhattan. A fila, como muitos sabem, é um valor superior a Deus e à pátria nos Estados Unidos. Terminado o exame inquisitivo, aprovadas todas as cédulas entregues, a mulher deu a ele algumas pequenas notas de dólar como troco. Ele agradeceu, educado como uma moça pudica do velho Sacré-Coeur, e, de maneira teatral, passou a realizar exames no troco que excediam, largamente, o procedimento da funcionária. Cada nota foi apalpada, cheirada e sentida como se nelas residissem as verdades mais sublimes do Altíssimo. Depois, com o ar tranquilo de um monge do Himalaia, pediu a caneta verificadora e passou dezenas de traços em cada nota, exarando com vagar o veredicto final sobre a reta procedência do valor. Checou as imagens, colocou contra a luz e olhou com ponderação minuciosa.

Durante o angustiante procedimento, ele ficava elogiando o cuidado da caixa, dizendo que, de fato, nunca se pode confiar, que ela fazia bem, que era assim mesmo que se evitavam fraudes. Falava em voz alta e louvava a atenção extrema do estabelecimento, paralisando uma possível reação dela com profusos elogios. Finda a liturgia da vingança, agradeceu, bradou mais uma vez para toda a loja que a ação dela era exemplar e que ela e todos da fila deveriam continuar fazendo isso, com arengas contra o estelionato insidioso. Retirou-se, sorridente. A ação tivera efeito similar ao já indicado tapa no rosto da vilã no último capítulo. Catarse completa. Vingança, a doce figura de Tácito, estava impetrada!

Já foi dito que somos bons quando somos bons e somos ainda melhores quando somos maus. Mesmo os mais abnegados professores ocultam pouco um sorriso interno quando o aluno que atenazou sua vida o ano inteiro fica retido no conselho de classe. A mais zelosa das mães que adverte com insistência um filho que leve casaco e recebe um muxoxo em troca talvez exulte internamente quando o birrento reclama que passou muito frio. O castigo é a alma da lei e do sistema da autoridade. Tudo em pais, policiais e professores indica que nossos valorosos conselhos só se tornam importantes quando, ignorados, se transformam em desastres aos que fazem ouvidos de mercador.

Saramago, no diálogo da barca em *O evangelho segundo Jesus Cristo*, coloca na boca de Deus-Pai que o demônio é fundamental para a obra celestial. Sem o risco da punição, toda regra amorosa ficaria vazia. E se os fumantes morressem com pulmões de crianças no bosque? E se o consumo de gorduras e doces emagrecesse? E se os medíocres triunfassem? Se os adúlteros tivessem prazeres multiplicados e nenhum ônus decorrente do seu gesto infrator? O que seria da virtude sem o inferno ou o colesterol? Para isso existe a vingança, quero dizer, a justiça...

Receita parcial de equilíbrio

Escrevo ao estilo Baltasar Gracián, o jesuíta espanhol que elaborava indicações na forma de aforismos (*A arte da prudência*, 1647). A lista seguinte é só minha. Nasce da principal fonte de toda sabedoria, o erro. Rejeite, reelabore e recrie do seu jeito. O bom cozinheiro possui uma receita em mente e tem o talento do improviso. Toda fórmula de vida é intransferível.

1) Nunca, mas nunca mesmo, pergunte se sua amiga está grávida. Não importa que ela pareça estar no final da gestação de trigêmeos de hipopótamos! Contenha-se! Nada comente, espere ela

dizer. Se não existir pronunciamento sobre o tema, pode ser que a questão seja outra.

2) Quando alguém lhe contar sobre algo, salário ou uma aquisição, espere para ver se a notícia vem acompanhada de alegria ou tristeza. Seus valores, talvez, estejam além ou aquém dos do narrador. Você pode tentar consolar alguém que está narrando uma vitória ou elogiar um revés.

3) Evite corrigir alguém com testemunhas, especialmente se você estiver certo. Elogie em público, corrija no privado. Antes de constatar o equívoco, avalie muitas vezes se é necessário fazê-lo. Depois pense mais um pouco e evite. Se for indispensável, faça-o embebendo a seta em mel. Ajuda a diminuir a estocada lembrar que você também erra. Se a pessoa disse que deseja ser corrigida, que é humilde, que a verdade está acima da vaidade, tenha muito cuidado: essas são as piores. Nunca as contradiga! Se for seu chefe, superior, marido ou sua mulher, a tentativa de correção vira crime de lesa-majestade. Você pode ser perdoado por errar, raras vezes será esquecido por corrigir. Sua figura vai lembrar para sempre a fraqueza de quem foi retificado. Seja sincero consigo sempre, com conhecidos de quando em vez e com quem você casou ou seu chefe escolha o dia da década em que fará isso e, se puder, evite. Conheci uma pessoa que aceitava bem ser corrigida. Foi apenas uma. Talvez eu venha a conhecer outra, mas minha genética parece não favorecer a longevidade.

4) O cotidiano, inequivocamente, faz com que baixemos a guarda e passemos a ficar à vontade em situações em que outrora estivemos alertas. Esse é o momento do desastre. Com a mulher ou o homem que você só viu naquela noite vale qualquer roupa. Com aquelas e aqueles com quem você divide espaço regularmente, cumpre mais cuidado. "Vou dormir assim mesmo porque somos íntimos": começou o processo para deixar de ser. Quando ele ou ela disser: "Pode ficar assim, amor, eu gosto de você de qualquer jeito", saiba que isso é sempre uma

mentira. Ninguém gosta de qualquer jeito. Fique à vontade com relações casuais. Com afetos estáveis e repetidos, a cenografia é imperativa. Isso vale para trabalho, amizades e tudo mais. Fique à vontade consigo mesmo ou com estranhos. Ter cuidados com pessoas íntimas é uma forma elevada de gentileza.

5) Família, digo em palestras, é como herpes, volta reiteradamente. Coisas ditas de forma dura estarão ali como um bode na sala por toda a eternidade. Não tem como ter ex-mãe ou ex-irmão. A ofensa feita diante do peru natalino retorna com a colomba pascal. Assim, muito cuidado com o que é dito e feito com parentes. As injúrias do mesmo sangue são as mais fundas. Família precisa de cuidados de bonsai: luz diária, regas criteriosas e podas cirúrgicas.

6) A raiva faz parte dos processos humanos. Dizer qualquer coisa dura e se arrepender, sentir-se ofendido por uma palavra grosseira e questionar a pessoa são facetas com as quais precisamos aprender a lidar. Um esquecimento de aniversário, uma rispidez injusta ou um desdém inexplicável denotam aspectos que devemos avaliar no contexto de toda a relação. Perdoar aos outros e a si é algo importante dentro de várias fronteiras? Qual o grande limite? Para mim é a violência física. Quem bateu baterá de novo. No Sul chamávamos alguns cachorros no campo de "cão ovelheiro", aquele que matou e comeu uma ovelha. Uma vez que ele experimentou o prazer e o poder do sangue, não voltará à ração insípida. O ataque físico encerra o relativismo. Quem agride agredirá de novo. Qual o seu maior desejo e o seu grande medo?

7) Se alguém do seu mundo afetivo tem um vício, a fórmula mais equilibrada é a de socorrer o afogado. Se você ficar muito longe, a vítima afunda sozinha. Se você abraçar com força e união absoluta, há um risco elevado de submergir junto. Você precisa estar suficientemente perto para tocar e suficientemente longe para manter seu equilíbrio. Uma das coisas mais doloro-

sas da vida é perceber que há pessoas além da nossa capacidade de ajudar. Afastar-se de alguém que amamos é um soco no estômago. Já passei por isso, como quase todo mundo com certa experiência. Ajude muito e entenda que há momentos em que o desejo de alguns corpos é ir para o fundo. E não há nada que possamos fazer.

Escutar-se é fundamental, bem como escutar os outros. Saia do espaço mágico da existência, aquele que imagina que as coisas vão se ajeitar sem ação direta e concreta. Inclua-se! Aprenda com seus erros e multiplique os pedidos de desculpas e os agradecimentos. Dê menos importância a si e nunca eleja gurus. Leia o que eu escrevi e constate que tudo pode ser uma bobagem e você, realmente, deve ter razão. Ignore tudo, refaça seus códigos, reinvente-se e crie molduras suas e não as dadas por um cronista de jornal. Tudo que escrevi pode ser mentira, menos o item um. Nunca pergunte a uma mulher se ela está grávida. Todo o resto é negociável.

Quem precisa de sabedoria instantânea?

O Século de Ouro hispânico (*el Siglo de Oro*, XVI e XVII) produziu Cervantes, Velázquez, El Greco, Tirso de Molina, Luís de Góngora, Calderón de la Barca, Lope de Vega, Francisco de Quevedo, Murillo, frei Luís de León, São João da Cruz, Santa Teresa d'Ávila, Sóror Juana Inés de la Cruz e dezenas de outros nomes peninsulares e coloniais. Administradora de um império no qual o sol jamais se punha, a Espanha dos Áustrias era senhora do mundo e fonte importante da cultura.

Há um nome menos conhecido nessa época de titãs: Baltasar Gracián y Morales (1601-1658), jesuíta peninsular que, de modesta origem, produziu obras impactantes que brilham em meio a uma árdua concorrência naquele período áureo. A principal reflexão filosófica de Gracián é chamada de *El criticón*. Um ser ilustrado, Critilo, encontra um "selvagem" na remotíssima ilha de Santa Helena: Andrênio. O europeu ensina a fala, as ideias e a história do mundo europeu sob prisma pessimista. Vivem uma espécie de Robinson Crusoé e Sexta-Feira, ainda que Andrênio seja mais matizado e denso do que o nativo concebido por Daniel Defoe.

Resgatados, saem em busca de uma personagem alegórica, Felisinda (a felicidade), e percorrem cortes e cidades europeias. Em meio a andanças e descobertas, a dupla apresenta uma filosofia muito desenvolvida dentro do estilo que chamaríamos de conceptista. Que eu saiba (corrijam-me os bibliófilos), não temos versão portuguesa da obra-prima do autor citado.

Irei além da *opus magna*. Gracián tinha esmerada formação filosófica e teológica. Conhecia os ardorosos debates de Francisco de Vitoria, prócer da escola de Salamanca. Dominava latim e grego e era dono de excelente prosa em castelhano. O inaciano tinha um incômodo: aqueles volumes das bibliotecas eclesiásticas eram inacessíveis à maioria das pessoas, mesmo às alfabetizadas. O leitor médio nunca acompanharia reflexões estoicas, tratados tomistas, sutilezas da *Bíblia poliglota complutense* e outros quejandos. O padre decidiu, por vontade de divulgação ou por vaidade, criar uma obra em pequenos tópicos com conselhos práticos, diretos, sem muita especulação filosófica ou teológica. Surgiu um texto acessível, de fácil penetração entre o grande público. O leitor médio poderia alcançar grande aproveitamento dessas "pérolas de sabedoria". Há algo similar nos *Ensaios*, de Montaigne, ainda que o francês tenha pensado em um padrão mais elevado de interlocutor. No mesmo século de Gracián, surgiria na França outra obra de conselhos bem menos piedosos, o *Breviário dos políticos*, do cardeal Mazzarino.

Se o século XIII foi o século das *Sumas*, o XVII parece ter sido o dos manuais de bolso.

Gracián escreveu sem autorização dos superiores quase toda a sua obra. Suas relações com os companheiros de sotaina nunca foram muito tranquilas. Ele tentou mudar de ordem sem sucesso. Morreu jesuíta, porém rebelde em meio a um grupo que destacava a obediência como valor máximo.

Vamos ao tema central da crônica. A obra de divulgação mais conhecida chamou-se *A arte da prudência*, publicada em 1647. A estrutura da redação é clara: aforismos sobre temas variados em linguagem bastante direta, muito distante da futura forma do *El criticón*. São 300 máximas curtas, parágrafos rápidos, fácil leitura e aplicação imediata: eis a fórmula do sucesso do livro publicado pelo jesuíta sob pseudônimo. Era uma sabedoria profana, pouco mística e decididamente pessimista.

Exemplos? Eis alguns excertos dos conselhos: nunca se sobressair ao chefe especialmente no campo do talento (7); relacione-se com pessoas que tenham algo a ensinar (11); não crie expectativas muito altas, pois "a realidade não se compara à imaginação" (19); saber esperar é importante, pois, como diz um ditado, "eu e o tempo podemos enfrentar quaisquer outros dois" (55); saiba dizer "não" aos outros deixando um vislumbre de esperança para amenizar o desapontamento (70); saiba dosar as brincadeiras porque tudo que é excessivo perde o valor, é cansativo e desgasta (76); os cautelosos sabem quando aposentar um cavalo de corrida sem esperar que ele sofra uma queda em plena competição (110); não ser sempre do contra para não parecer tolo e irritante (125); sem mentir, não revelar toda a verdade em qualquer circunstância ou a qualquer pessoa (181); no Céu tudo é alegria, no Inferno tudo é tristeza, na Terra (que está no meio) existem ambas as coisas (211); nunca romper definitivamente, pois poucas pessoas são capazes de praticar o bem e quase todas são capazes de praticar o mal (257); e assim por diante.

O filósofo Arthur Schopenhauer aprendeu espanhol para ler e traduzir Gracián para o alemão. Traduzido para o inglês, figurou entre os mais vendidos dos Estados Unidos, atingindo o público corporativo. Já existe Gracián para empreendedores.

No posfácio de uma edição brasileira, a professora Monica Figueiredo observa que, séculos antes de Guimarães Rosa, Baltasar já tinha afirmado que viver era perigoso. Quase quatro séculos depois da sua publicação, o texto continua despertando reflexões e incômodos, ganhando releituras e desafiando novas safras de leitores, ainda em busca de pílulas de sabedoria e prudência.

Karnal, você é comunista?

Há pessoas que apresentam uma percepção dualista do espectro político. Se você pertence a esse grupo, evite ler a crônica, ela nada vai acrescentar ao seu saber. Se você funciona na polaridade atual, já conclua antes de ler: Leandro Karnal é um legítimo representante do pensamento conservador neofascista e/ou neoliberal, coxinha PSDB/MDB ou... o exemplo de intelectual comunista que só quer destruir o mundo civilizado-cristão e apoiador do PT como todo petralha. Pronto! Você não precisa ler: você está certo! Sim, você está certo: sou o que você desejar porque o que está em questão é sua lente e não o meu objeto. Porém, se você consegue pensar além dessa caixinha de areia, prossiga.

Em 21 de fevereiro de 1848, surgiu o *Manifesto do Partido Comunista*, de Karl Marx e Friedrich Engels. O texto chega hoje com a fama, justificável, de ser um clássico do século XIX. O que é um clássico?

O ano de 1848 foi de grande agitação política. Por coincidência mais do que por causalidade, os dias seguintes à publicação do *Manifesto* presenciaram a derrubada do rei burguês, Luís Filipe d'Orléans. Surgia a Segunda República em Paris. Os ventos de mudança se espalharam de Viena até o Recife. Era a chamada Primavera dos Povos descongelando o sistema construído pelo conservador Congresso de Viena de 1815. Os grandes representantes da ordem reacionária, como o austríaco Metternich, estavam encurralados. Marx o cita nominalmente, junto ao ministro Guizot da França.

O *Manifesto* é uma peça de análise histórica a partir do nascente ideário marxista. É também um panfleto de propaganda e um programa de ação. Seu sucesso está na sua simplicidade narrativa e na sua vastidão analítica. Ele se parece com o curto texto de Emmanuel Joseph Sieyès às vésperas da Revolução Francesa de 1789: "O que é o Terceiro Estado?". A fórmula que levou o francês a ser tão importante é a mesma de Marx/Engels: perguntas com respostas diretas e aplicáveis, na compreensão dos autores, de forma universal.

O *Manifesto* nasceu da Liga Comunista, que tinha se reunido em Londres, em 1847. Apesar de começar falando que o comunismo era o grande espectro do mundo de 1848, isso era pouco sólido. O medo dos Impérios da Áustria e Rússia eram os nacionalismos desagregadores. A questão que vinha agitando a Grã-Bretanha estava, há uma década, no cartismo, programa de reforma eleitoral que incluía o voto universal. Republicanos conservadores e liberais de todas as espécies eram mais incômodos ao governo orleanista de Paris do que as agitações operárias que espocavam em Lyon, por exemplo. O *Manifesto* faz crer que o "fantasma do comunismo" era bem maior do que ele realmente se apresentava. Sim, os socialismos cresceriam, mas 1848 não era a aurora vermelha que o *Manifesto* fez crer.

O texto elabora uma lógica universal da História, a luta de classes, conclamando o proletariado à união. Do mundo antigo ao contemporâneo, o motor do mundo, na visão dos autores, tinha sido a história da luta de classes. Criando uma teleologia, ou seja, um sentido de história determinado por um fim, que seria a marca da sua obra posterior, Marx tenta construir uma lógica científica politicamente oposta à do positivismo, mas igualmente dirigida por um vetor e por um sentido de transformação quase inevitável. Aliás, Augusto Comte, o conservador, teria sido o pioneiro no uso da palavra "proletário".

Mais curto e esquemático do que as páginas d'*O capital*, o *Manifesto* seria, de longe, a obra mais conhecida dos autores. Há traços da economia política inglesa, do pensamento socialista utópico francês e da reflexão filosófica alemã, tudo fundido e ressignificado por um grande erudito como Marx. Como o movimento russo de 1917, o chinês de 1949 e tantos outros invocaram o texto e os autores, diríamos que nunca uma obra intelectual esteve tão presente entre projetos de governo. Tal como Catarina e Frederico recorreram a Voltaire como conselheiro, Marx, já morto, inspirou Lenin e Mao e muitos outros militantes. Similar aos déspotas esclarecidos, a condição de assimilação das obras era sua deformação. O comunismo defendido no *Manifesto*, a sociedade sem classes e sem Estado, nunca surgiu na prática. O paraíso proletário insistia em não acontecer. Nenhum país do mundo guiado por ideias socialistas deu um passo decisivo para a dissolução do Estado. Assim, a hipertrofia do Estado foi o oposto perfeito do comunismo.

As ideias marxistas tinham muito da metafísica alemã, como acusou o clássico conservador *Rumo à estação Finlândia* (1940), de Edmund Wilson. O norte-americano chega a comparar o processo às brumas que passam sob a soleira do castelo sólido do materialismo de Marx e Engels. Se acusamos, com razão, que Marx foi pessoalmente incoerente com seus ideais por ser sustentado por Engels, um industrial, e por ser um canalha no caso com uma empregada, também rejeitaríamos a imensa influência de Rousseau sobre a maneira de tratar crianças, apesar de o genebrino ter sido um imbecil em relação aos filhos que gerou.

O *Manifesto* continua fundamental. Uma obra clássica não depende do seu gosto. Ler Adam Smith ou Machado de Assis não é como se manifestar sobre coentro ou bossa nova. Clássicos seminais são criadores de novos mundos (nem sempre bons) e que continuam no foco das atenções. Marx criticou injustiças graves do século XIX e colaborou para criar ditaduras abomináveis no século XX.

Utopias, movimentos históricos e sangue correram em torno das ideias do *Manifesto Comunista*. Passados mais de 170 anos, ainda estamos aqui pensando na obra e em como resolver as desigualdades do mundo. Isso é um clássico. Respondi à pergunta do título? Não importa, sua resposta diz respeito ao seu universo e nada diz de mim. Você já sabia se eu era comunista ou não antes de ler qualquer coisa. Pensar é árduo e etiquetar é fácil.

O prazer de Gilda e o nosso

Nunca fumei. Em parte, isso nasceu do exemplo doméstico oferecido por minha mãe, que por mais de meio século usou cigarros em casa. Nós cinco (os quatro filhos e o marido) abominávamos o hábito. Ela parou, obrigada pelo enfisema. Seu coração e seu sistema respiratório foram marcados para sempre. Talvez ainda estivesse entre nós, se tivesse evitado o vício.

Quando eu era jovem, o cigarro era rebeldia, autonomia, masculinidade e um gesto de desafio. Quase sempre proibido nas escolas, fumar era um manifesto anárquico contra o poder. Na USP, alguns dos meus professores fumavam em sala de aula. Quando dei aulas na PUC-SP, interditei o cigarro em classe porque não conseguia falar com a neblina formada. Causou estranheza meu gesto.

Na década de 1980, surgiu uma tendência à "geração saúde", muitos abandonavam o cigarro e buscavam uma vida mais saudável. Depois, em algum momento que não consigo precisar, mais gente voltou a fumar. O cigarro parece crescer entre classes menos favorecidas. Também é forte no Terceiro Mundo. Eu estava na Europa quando começaram a interditar bares ao vício. Na China, o cigarro é mais soberano do que nos Estados Unidos.

Fui de Varig para o Velho Mundo algumas vezes, em voos longos, com metade do avião fumando. Chegávamos fedendo por todos os poros e, para aumentar a desgraça, na época, eu ainda tinha cabelo. Curiosamente, isso não causava rebeldia entre as pessoas. Lá pegávamos trens escolhendo entre cabines de fumantes e não fumantes. Faz pouco tempo, mas parecem recordações do Paleolítico Inferior.

A cena de Rita Hayworth no filme *Gilda* (Charles Vidor, 1946) é bem conhecida. Rita/Gilda fuma com uma sensualidade devastadora. Provoca vontade de possuí-la com cigarro e tudo. Há um filme que retrata quase a mesma época: *Boa Noite e Boa Sorte* (George Clooney, 2005). Na obra, os apresentadores de telejornal tragavam fumaça enquanto falam das notícias. É incrível imaginar isso! Alguém concebe meu amigo Willian Corrêa dando uma pitada diante das câmeras? Impossível. Houve uma revolução visual e de costumes.

Estive em um jantar em Londres e vivi uma experiência que há muito não ocorria. Fumava-se desbragadamente no apartamento, com as janelas fechadas e lacradas pelo inverno. A fumaça ia ocupando tudo e eu já não via a cabeça dos convivas mais altos. Eu lacrimejava, perdi o paladar para o vinho e saí apressadamente. No táxi, tive vontade de jogar a roupa fora na rua, pois tudo recendia a tabaco. Note-se: eu nunca fui da esquadrilha antifumo que se perturba emocionalmente com o cigarro alheio. Porém, fazia tempo que eu não era submetido a uma casa-cinzeiro.

Doutor Drauzio Varella tem razão. A indústria do fumo usa de todos os recursos para manter o fumante ligado aos grilhões lucrativos. Surgem sabores e outros malabarismos para que os mais jovens façam a adesão ao vício. A questão chegou ao Supremo Tribunal Federal! O cigarro mentolado ocupou o tempo dos ministros da egrégia corte. Bem, todos morreremos, mas morrer sem ar e querendo respirar é algo que presenciei e é horrível.

O cigarro não é ilegal. Causa enormes males, como muitos alimentos, refrigerantes e produtos vendidos com notas fiscais à luz do dia em pontos públicos. Diferentemente de um alimento gorduroso, o mal do cigarro atinge pessoas além de mim. Posso decidir morrer entupido de bacon, porém é algo do meu universo interior que não afetará ninguém. O cigarro ataca o próximo.

O fumante é um tipo específico de camicase. Todos somos quando tomamos decisões de potencial deletério. Viver é morrer em prestações diárias. Cada comida errada, cada velocidade excedida no carro, cada porre e cada tragada é uma folha do carnê da vida que quitamos e que nos aproxima da plataforma sem retorno. Quando a pessoa fuma, sua fumaça traz luz a esse grande outro coletivo de rejeição do viver. Isso causa raiva. Afinal, ele acelera um processo em mim que só eu tenho o direito de açodar do meu jeito. O fumante escancara o que preferimos ocultar.

Tenho um olhar de compaixão ambígua observando o desespero dos viciados ao final de voos longos. Também há algo de estranho nas pessoas que, em pleno inverno europeu, ficam na rua fumando em meio ao frio terrível, isoladas, olhando para o chão com melancolia. Há uma pulsão de morte no fumante, no prazer-veneno da nicotina que o destrói e que ele ama. Há uma Gilda reprimida em mim e uma Gilda solta no fumante.

Em época na qual nada havia de condenação ao cigarro, o grande Augusto dos Anjos podia poetar: "Toma um fósforo. Acende teu cigarro!/O beijo, amigo, é a véspera do escarro,/A mão que afaga é a mesma que apedreja". O objetivo do poeta paraibano era outro, mas imagino que Gilda devia tossir sozinha à noite, sem *glamour*.

Outonos

Deve ser difícil para a criança brasileira, especialmente ao norte do país, ver no livro didático que existem quatro estações. Ela percebe apenas uma estação quente com mais chuvas e outra quente com menos chuvas. O modelo de percepção das estações que importamos da Europa temperada sempre foi problemático. Uma vez perguntei (na época em que existia primário) a uma professora: temos flores o ano todo, por que a gente fala da primavera como estação das flores? O mesmo valeria para perceber o outono como estação das frutas. Ler textos europeus ou norte-americanos e viver em área tropical é sempre um desafio.

Não temos quatro estações bem definidas. Em áreas subtropicais de altitude como uma parte do Sul do Brasil, existe um período mais quente e um mais frio, e um período de transição que pasteuriza os habitantes com extremos de variação e jogos de massas de ar. É difícil manter saúde com as oscilações.

Árvores vermelhas e frio aumentando: paisagem perfeita que imaginamos no Primeiro Mundo. De fato, o outono na Nova Inglaterra é uma das coisas mais bonitas que a natureza pode oferecer. Também peguei um outono inesquecível no Japão. A caminho do monte Fuji era complicado saber para onde olhar: tudo era perfeito. A paleta de cores do outono temperado é extraordinária.

Saiamos de sonhos setentrionais. Amo também nosso tíbio outono tupiniquim. Em geral, os calores mais intensos diminuem gradativamente. Lufadas polares de breve duração trazem ares hibernais às ruas. Árvores importadas do hemisfério norte, como plátanos e bordos (minhas preferidas), podem trazer um colorido ao monocromatismo do verde luxurioso do Brasil. Chegou a época dos caquis, a fruta que os portugueses chamam de dióspiro, para protesto permanente de Ruth Manus. Também há figos e goiabas. Muitas variedades de abacates chegam ao ponto certo a partir de abril.

A luz do outono é imbatível. O céu ainda não assumiu o tom cinéreo do inverno e já perdeu a exuberância coruscante do verão. Desde criança, eu achava lógico que a festa máxima do cristianismo ocorresse no outono para os devotos do Brasil. Certo, na Europa é primavera, mas se eu fosse Jesus ressuscitaria mesmo no outono. Páscoa implica a luz do fim de março e abril e a indefectível lua cheia que marca sua chegada.

Confesso algo longe da unanimidade: minha alegria com o outono é que se anunciam os primeiros ventos gelados. Amo o frio e abomino o calor. Difícil escrever e pensar no verão. Complicado dar aula para 50 pessoas em clima de 36 graus. Professores sofrem muito com os meses estivais. Um sexto ano em novembro, com o sol batendo na janela, último período de aula, logo após uma aula de Educação Física, seria, se Dante fosse vivo, o material mais forte para o florentino adicionar um décimo círculo ao seu inferno.

O outono traz a reflexão sobre a finitude, a temperatura mais amena e a vontade da introspecção. O verão é em si pura imanência do momento. Em um dia quente, pensamos em um dia quente. Em dias outonais pensamos que o frio vai aumentar, que existe inverno à frente. O outono tem devir, o verão, apenas aqui e agora.

Tenho de reconhecer uma vilania. Na idade em que me encontro, as roupas de frio ficam melhores do que as sungas. Casacos e mangas cobertas aumentam muito minha autoestima de senhor maduro. Em minha defesa: impúbere eu já amava a estação, o declínio apenas adiu mais argumentos a minha preferência. Quantas pessoas há que amam luvas como recurso contra manchas senis? Milhares de senhoras provectas que aderem à echarpe como um recurso a ocultar as camadas de pele sob o pescoço em teimoso balanço impudico? O verão tem um amor à verdade arrogante dos corpos. O outono e o inverno admitem maior generosidade na fantasia. A roupa de frio é nossa burca salvadora após ter passado o cabo Bojador.

Encontro-me no chamado outono da vida. Estamos envelhecendo desde o nascimento. A partir de determinado instante, as marcas do tempo se instalam e não podem ser mais evitadas. Há sinais físicos e psíquicos. A música alheia fica alta demais, a cama se torna um programa poderoso e com cada vez menos concorrentes, as rugas vão cavando seus cânions, a vida se cobre de mais cuidados, aumentam remédios e desponta a primeira colonoscopia. As propagandas de farmácias e casas para pessoas de mais idade mostram velhinhos sorridentes e velhinhas dinâmicas. O mundo da propaganda é sempre o mundo desejável.

A fase atual, segundo meu amigo Luiz Alberto Hanns, é da maturidade com saúde. Estou em esplendoroso outono. Em breve, os rigores do inverno vão aparecer de forma mais decidida. Cícero recomendou não pensar na força que se tinha no passado, mas na que possuímos no presente. Norberto Bobbio atualiza os conselhos do senador romano com um pouco mais de melancolia. Sua advertência é dura: quem louva a velhice nunca a conheceu de fato. Não me sinto velho, apenas fico melhor à luz de velas do que com lâmpadas de consultório dermatológico. Como eu disse, o outono contém mais sobre o futuro do que o verão. Amo o outono e temo um pouco o alto inverno. Um aceno loução para os estivais e primaveris e um terno abraço aos outonais e hibernais.

Liberdade de expressão

Eu tinha muita irritação, ainda jovem, em ver o certificado da Censura Federal antes de um filme no cinema da minha cidade. Íamos ao Cine Brasil ou ao Cine Independência, em São Leopoldo. Era o período da Ditadura Civil-Militar (1964-1985). A censura é um obstáculo ao pensamento crítico e tenta unificar aquilo que, por natureza, é diverso: o pensamento humano.

Veio a Nova República e descobrimos que a palavra nova escondia hábitos antigos. O governo Sarney proibiu um filme, *Eu vos saúdo, Maria* (Jean-Luc Godard, 1985), e tivemos de vê-lo, clandestinamente, no diretório acadêmico da faculdade. Nunca gostei muito da obra, todavia a proibição a tornava obrigatória.

A Constituição de 1988 aboliu a censura, bastando reler o quinto artigo se restar dúvida a algum cidadão. Excessos passam a ser atendidos com ações legais sob os títulos de calúnia, difamação e injúria. Como sempre, após uma noite escura, muita gente é ofuscada pela luz do dia. Nunca, em nenhuma sociedade, tenho direito a defender tudo. Há os limites da lei contra o anonimato, por exemplo, vetado pela mesma Carta Magna. Há claras considerações penais e éticas: não posso defender a pedofilia, o espancamento de mulheres ou a tortura. Crime continua sendo crime e nossos códigos barram a apologia à transgressão.

Sociedades abertas costumam enfrentar outro padrão de cerceamento: os imperativos do público consumidor. Talvez a ditadura do gosto geral ou do lucro presumido seja mais eficaz na limitação da criatividade do que o velho certificado da Censura Federal durante os anos do Estado de exceção. Questão sempre ambígua: o mercado e o senso comum seriam mais inibidores do que austeros censores?

Alguém pode lembrar que, em regime ditatorial e com censura plena, produzimos grandes nomes na música, no teatro e nas artes plásticas. Aparentemente, a MPB, a escrita literária e a arte funcionam de forma mais criativa em ambiente repressor. Comparemos o valor vocal e os conteúdos das letras de Elis Regina ou de Tom Jobim com alguns dos sucessos atuais e poderemos, novamente, refletir que somos mais livres, não necessariamente melhores.

Tenho um amigo que se situa bem mais à esquerda no espectro político do que eu. Ele teve ataques apopléticos quando do episódio da exposição do Santander Cultural (*Queermuseu*, curadoria de Gaudêncio Fidélis, com obras que foram consideradas ofensivas por alguns; em meio a uma tormenta de críticas, foi suspensa pelo banco). Espumando, anunciava o apocalipse e quase iniciava um movimento de guerrilha urbana para possibilitar a continuidade do evento em Porto Alegre. Além de todos os argumentos legais, meu amigo perguntava taxativo: "Não gosta do conteúdo? Não vá! Não vá! Mas não impeça outros de irem". Concordava com ele em alguns pontos da argumentação. Pois bem... Passado certo tempo, ele foi informado de que um grupo político conservador faria uma palestra na Unicamp. Encontrei-o novamente possesso. "Temos de impedir, eles são fascistas!" Nossa conversa tornou-se mais ácida. Eu lembrei os frescos argumentos sobre a exposição. "Você não concorda com a palestra? Não vá!" Eu, particularmente, só me oporia se o evento fosse uma defesa de um crime. Até lá, ser conservador ou ser de esquerda não está tipificado como infração. Ele não aceitava. Parecia-me que a dificuldade era o comum da nossa espécie humana: somos livres, plenamente livres, desde que o outro confirme nossas ideias. É inadmissível que ocorra algo contrário ao que eu penso. Assim sendo, vamos assumindo nosso posto na Real Mesa Censória criada por Pombal. Há um Torquemada ansioso em todos nós.

Censura é o ponto em que Médici e Stalin se beijam felizes em comunhão. A tentação da censura é comum a ditaduras de todas as cores políticas. Grupos radicais convivem mal com a diversidade. Democracia é um pano bonito com o qual pessoas autoritárias, por vezes, cobrem seus projetos de poder. Pouca gente entende que a liberdade de expressão é para eu dizer o que eu quero (dentro dos limites já apontados) e, por vezes, para ouvir o que eu não quero. Convivo há anos com autoritários que usam da ideia da autonomia de pensamento para perseguir e eliminar vozes contrárias. Conheço de longe a ambiguidade dos grupos que consideram liberdade de expressão como um prolongamento da própria opinião. Não existe ilegalidade em ser de direita ou de esquerda. Não há proibição formal em ser ateu ou em ser religioso. Posso criticar posições contrárias sempre. Não posso impedir que elas existam, barrar seus filmes ou documentários, colocar obstáculos a suas palestras. O autoritarismo tem um exército numeroso. A liberdade tem poucos adeptos. Esse é o argumento que discuti com meu amigo: "Não gosta? Não vá!" Discorda de algo? Escreva contra, promova debates e escreva livros e artigos adversários. Isso faz parte da liberdade de expressão. Quando você deseja impedir que algo ocorra é porque você ultrapassou o limite da crítica e chegou ao terreno do Grande Irmão do livro *1984*.

Todas as ditaduras, de Hitler a Kim Jong-un, de Mussolini a Costa e Silva, contaram com os milhões de censores da sociedade. Os regimes autoritários valem-se da inveja e do ressentimento de muitos para a denúncia, o ataque e a agressão. A Noite dos Cristais (1938) não foi apenas estatal. A exposição de "arte degenerada" (1937) teve um público civil imenso. A Noite dos Cristais foi um ataque violento a estabelecimentos comerciais judaicos e a sinagogas, tudo incentivado pela Gestapo. A exposição de "arte degenerada" foi um gesto de propaganda estética nazista, ao reunir obras de Picasso, Marx Ernst e Lasar Segall (dentre outros) e tentar ridicularizar tudo. De todo lado, brotam os pequenos ditadores, sempre invocando a democracia, os bons costumes e a velha moral. Como na época da Inquisição, os tribunais sempre contaram com informantes anônimos, guardiães da consciência social. Todo grande opressor tem milhões de tiranetes imitadores e rancorosos. Todos querem fazer expurgos, barrar ideias, censurar livros, calar discordâncias. Este capítulo desagradará a muitos grupos radicais de esquerda e de direita. Fico imensamente feliz com isso. Já pensou se aquele pequeno censor ressentido me elogiasse?

Eu adoraria

    Os brasileiros, creio que preferimos sempre o futuro do pretérito. "Eu gostaria", "eu faria", "eu suportaria"... Os donos originais da língua de Camões elegem o pretérito imperfeito: "eu gostava". Nosso condicional, talvez, seja uma possibilidade de adiar o fato ou a decisão, pois quase sempre é seguido de elementos adversativos ou condições: "Eu faria, se..." "Eu tentaria, mas..." A comunicação tupiniquim tem o traço da omissão do eu objetivo que promete fazer uma tarefa específica e com data marcada. Isso explica tantos condicionais e nosso clássico gerundismo. "-Ia" e "-endo" são terminações que possibilitam adiar minha ação até a segunda vinda do Messias (se você for cristão) ou a primeira (se você seguir o judaísmo).

Sou brasileiro nato e não escapo do miasma do futuro do pretérito que emana das "praias do Brasil ensolaradas". O mais grave é enfrentar o choque entre meu desejo condicional de melhora e a realidade concreta do presente do indicativo. Explico-me.

Em uma quente sexta-feira na hora do almoço, fiz algo raríssimo, felizmente: fui a uma agência bancária. Eu tinha poucos minutos para resolver um problema e partir para o restante da jornada. Ao entrar no recinto, um fã pegou-me pelo braço. Era um senhor simpático de extração septuagenária, que desejava manifestar que acompanhava meu trabalho. Detalhe que só percebi minutos após: ele era gago. O que pode existir de pior para alguém que tem poucos minutos pela frente? Um fã gago. Minha pressa me empurrava e meu dever humano me segurava. Eu gostaria de ser menos impaciente com o olhar (aí entra o futuro do pretérito), eu desejaria ter escalonado minhas prioridades do dia (agenda é menos importante do que um ser humano) e eu "ia iria indo", porém... não fui. Fui seco e disparei chispas visuais que minha falecida mãe classificava como "olhos de fogo".

Costumo dizer que sou um sábio do minuto seguinte, um virtuoso sem *timing*. Segundos após ter sido grosseiro, insensível, agressivo na voz ou arrogante, eu caio em plena consciência como o rei Cláudio, de *Hamlet*, rezando e tomado de remorso. Surge com clareza na minha mente o que eu deveria ter feito, como seria melhor se minha atitude fosse outra. Por que não consigo ter essa acuidade antes ou durante o ato? Sou um homem do futuro do pretérito.

Trabalho em terapia um fato que me segue desde a infância. O que for preparado, previsto, estipulado e agendado é perfeito e sereno como um lago suíço. Lancei uma obra com a monja Coen (*O inferno somos nós: do ódio à cultura de paz*). Sabia, com semanas de antecedência, que seria um evento com muitas pessoas. Preparei-me para isso. A fila serpenteava pela rua e a livraria regurgitava, tomada de fãs ansiosos para ouvirem a monja e a mim. Depois de uma fala inicial, seguimos para o terceiro andar e iniciamos o rito: autógrafo, fotografia (o mais importante), uma pequena palavra com cada um. Posso estar enganado, porém imagino que, das 19h até o início da madrugada do dia seguinte, quando o ordálio cessou, fui simpático, sorridente, solícito com todas e todos. Eu estava lá para aquilo, era minha missão e eu me apresentava genuinamente feliz ao lado da budista e de tantas pessoas que tinham parado seus compromissos pessoais e profissionais para acompanhar a fala. Aquilo era o melhor de mim: o Leandro preparado para o momento. O pior de mim acontece em coisas fora do previsto, ou com muita fome, muita pressa ou focado em outro alvo. Esse é o momento do futuro do pretérito.

Quem gosta muito de mim falará: "Leandro, você é humano, tem seus altos e baixos, tem irritações, é sobrecarregado e tem uma agenda exaustiva". Adoro meus amigos e amo essas atenuantes diante do implacável juiz da minha consciência. Porém, eles estão errados a não ser pelo fato de me reconhecerem humano. Quero ser o que foi bom, não o que poderia ter sido. Sou uma pessoa com certa consciência e, como todo ser humano, dotado de livre-arbítrio. Sou perfectível, e não perfeito. A meta seria aproximar o condicional do pretérito perfeito. Não mais o que eu deveria ter feito, mas o que eu fiz. Nas diferenças de tempos está o detalhe da sabedoria. Ser sábio é moldar-se constantemente e superar o lado impulsivo e agressivo. Estar calmo quando se está bem é quase infantil. Falar com equilíbrio e amar o próximo quando o próximo e eu estamos em condições normais de temperatura e pressão é desafio insignificante. Imagine-se, cara leitora e estimado leitor, você sentada(o) em uma poltrona confortabilíssima, sem nenhum mal lhe afligindo, a temperatura ambiente está ideal e do seu lado a sua bebida preferida ao alcance fácil da mão. Sua música preferida roda no volume ideal. Na cena idílica descrita, é raro o ser humano que esteja agressivo ou irritadiço. Se entra alguém, você responde com a voz calma e equilibrada de um lama do Himalaia. O mundo flui e você se deixa levar pelo átimo de felicidade do instante. Ser equilibrado assim está ao alcance de todas as pessoas. Comece a retirar as benesses, acrescente adversidades, aumente a temperatura de forma desagradável e dê uma agenda extensa: o sábio vai dar lugar ao homem das cavernas.

Minha meta é aproximar os tempos verbais. Meu propósito de sabedoria é compreender que há momentos em que manter a paz é fácil. Em outras ocasiões, muito complicado. Na tensão está o desafio a atingir. Superar o mundo ciclotímico ao meu redor e o meu. Ser verdadeiro e plenamente presente sempre ou na maioria das vezes. Esse é o homem que eu gostaria que surgisse. É o meu desafio. É o Leandro que eu desejaria e que desejo ver. Qual a sua meta?

Fake news

Todo mundo está empregando a expressão *"fake news"*. Primeiro equívoco sobre o tema: confundi-la com a simples mentira. Inventam-se coisas há milênios. Há grafites caluniosos nas ruínas de Pompeia. Minha geração acompanhou uma das mais célebres falcatruas lançadas contra uma personagem famosa: a insinuação de Carlos Imperial sobre o uso indevido de uma cenoura. Era pura vingança de alguém destituído de escrúpulos. Caluniar, inventar, utilizar a voz ou a escrita (ou até imagens) como base para tecer uma trama urdida de maldades e sem compromisso com o real é um traço permanente da história.

Fake news estão um pouco além da simples mentira. O campo delas se situa na ideia de persuasão e propaganda, logo, distante da zona da verdade baseada em argumentos ponderáveis. O curioso é que a notícia falsa clássica se destina a uma bolha epistêmica, ou seja, como definiu Walter Carnielli: "Um grupo que compartilha opiniões semelhantes e afasta vozes discordantes, reforçando o viés de confirmação de cada um" ("Opinião não é argumento", *Veja*, edição 2.578, pp. 64-5). Garantiu-me uma jornalista em debate recente que, se você não acreditou no que recebeu no seu celular, é porque a notícia não era destinada a sua bolha. A eficácia das *fake news* é dependente da comunhão de valores que produz a zona de conforto para amparar a sua opinião. É a suprema preguiça cerebral humana: se todos que conheço concordam, é óbvio que estou certo. O fato ocorre com pessoas que partilham vieses políticos, ideias religiosas ou redes sociais específicas.

Há duas maneiras de garantir o não acesso de uma pessoa à boa informação crítica. A primeira é o recurso clássico das ditaduras como a da Coreia do Norte e a de Cuba: impedir o contraditório e barrar quaisquer fatos que divirjam da versão oficial. Controla-se a opinião pela escassez e seleção de dados. A outra, abundante em democracias, é afogar o cidadão em tantas informações e tão contraditórias que ninguém seja capaz de distinguir o falso do verdadeiro. O Brasil abusa do segundo modelo. Aqui funciona o processo de açodamento informativo sobre o internauta desavisado: embaralha-se tanto o critério objetivo para checar coisas que, no fundo, todos os elementos são relativizados e se chega ao ponto de achar que qualquer discussão seja fruto exclusivo do direito que tenho à opinião. Exclui-se a busca equilibrada de fatos.

Não somos originais na Terra de Santa Cruz. Todo o planeta está conectado e vive a avalanche de dados. Tudo foi multiplicado e tudo possui o oposto disponível com uma busca básica. Coisas solidificadas há séculos como a forma arredondada do nosso mundo deixaram de ser verdade estabelecida. Uma busca na internet pela expressão "terraplanismo" e você verá, caro leitor e querida leitora, um mundo inteiro de vídeos e debates contestando aquilo que os gregos deduziram e a astronomia moderna comprovou.

Quando o real está a serviço da crença e das opiniões, escasseiam análises e abundam bate-bocas. De novo: existe uma verdade, obviamente não a verdade absoluta e total, mas uma que se ampara nos melhores argumentos objetivos e demonstráveis. A busca científica e filosófica não é pelo dogma inatacável e atemporal, porém a definição de horizontes possíveis a partir dos dados disponíveis. Há uma pista boa para distinguir ciência de crença: a certeza total só pode existir na segunda. Não dependendo de comprovação, a crença não duvida, pois, afinal, deixaria de ser crença se o fizesse.

Entramos no último e mais delicado patamar para apurar uma notícia falsa. Quando nasceu a imprensa brasileira formal, em 1808, os impressos tinham uma posição clara e anterior aos fatos. A *Gazeta do Rio de Janeiro*, por exemplo, dirigida por frei Tibúrcio José da Rocha, tinha como objeto claro a divulgação favorável das ações da Corte Portuguesa recém-instalada na capital da colônia. A oposição se pronunciava do exterior, pois o exilado Hipólito José da Costa enviava, de Londres, seu *Correio Braziliense*. Tudo que era positivo na *Gazeta* era negativo no *Correio*. A posição era absolutamente parcial em ambos e um bom leitor talvez devesse ler ambos para conseguir formar uma posição mais sólida. O desafio é válido até hoje.

Encontrar o verdadeiro é contrapor dois polos? Se eu ler uma revista de direita e depois uma de esquerda, eu encontrarei a verdade do centro? Como sempre, a resposta não é tão fácil, pois, se a dita verdade raramente aparece em zero ou dez, não significa que ela brilhe em cinco.

Eu falei que era o patamar mais delicado. A imprensa declaradamente partidária e oficial saiu de moda. A neutralidade passou a ser uma meta. O leitor-consumidor exige maior pluralidade. Uma posição clara e definida pode afastar anunciantes e assinantes. Surge uma nova forma, sempre desejável para garantir a objetividade: o outro lado. Brilha o sol cinco no horizonte da imprensa, com horror crescente ao zero e ao dez. Para o historiador, nunca existe neutralidade, porém há redatores mais e menos honestos. O *Baudolino*, de Umberto Eco, mostra um redator desonesto. Seu conselho era mentir muito para ser acreditado. O leitor de 1808 tinha menos trabalho para seu exercício em busca da verdade, bastava retirar a capa do diário da Corte ou da oposição. O leitor atual recebe um desafio imensamente maior. Como se dizia na República Velha, a verdade eleitoral parecia ser uma mulher nua desejável, mas que deveria estar coberta. Em plena era da liberdade e da informação, a liberdade experimenta burcas ideológicas.

Enrolar e procrastinar

O dicionário registra muita proximidade entre o coloquial "enrolar" e o mais erudito "procrastinar". Estabelecerei sutilezas que escapam ao léxico. Quem enrola não chega ao ponto final, faz "cera", adia, evita respostas diretas e não resolve. O procrastinador é mais sofisticado, prorroga e não cumpre prazos ou metas como o enrolado. Aquele engana o outro; este, a si próprio.

Cotidiano do enrolado: ficar na cama até o limite do possível e, por vezes, ultrapassá-lo. Se ficou o dia todo em casa, tendo apenas um compromisso à noite, o enrolado sai atrasado. Nada justifica o ato. O convoluto não tem nenhuma explicação plausível para suas escolhas ineficazes. Exatamente por isso, inventa muitas, mente, analisa fatores para, no fundo, reconhecer que... é um enrolado! Esse é o tipo de pessoa que fica relaxado tempo demais e, ao se aproximar o *deadline*, acelera, inutilmente, o esforço. Na divisão do atacado do tempo para o varejo das ações práticas, o enrolado é um péssimo administrador. Ele não tem *timing*, a preciosa habilidade de fazer o certo no tempo adequado. Ser dotado de *timing* significa subir na torre da estratégia e contemplar o lago do futuro distribuindo porções de água em partes precisas, em esforços coerentes e possíveis. Enroladores simplesmente se afogam e sucumbem. Vivem no futuro do pretérito: "eu teria chegado mais cedo", "eu poderia ter feito a tarefa se..." O "se" é o fio para tecer a mortalha do enrolado, Penélope permanente de coisas inacabadas.

O procrastinador está em outro setor. Vive com culpa por causa de alguma questão interna. Enrolados são preguiçosos, procrastinadores são fruto de traumas variados. Enrolado é doloso, procrastinador é culposo. O enrolado ignora as normas e regras, horários e agendas. O procrastinador chora e sofre pela incapacidade de ir direto ao ponto, vítima inconsciente de um labirinto confuso para o qual nenhuma Ariadne lhe fornece o fio condutor. Ele é Teseu e o Minotauro nas vielas da ordem: monstro e herói, protagonista e vítima, Tesotauro desesperado em calabouço avesso à luz da plena consciência.

Todos devem entender que o enrolador quer falhar e trabalha para isso. O procrastinador anela pelo sucesso, que lhe foge das mãos trêmulas como areia fina. Enrolar é opcional, procrastinar é sina. A escolha do enrolador é começar tudo sem terminar nada. O procrastinador é impedido por uma parede sólida e transparente que o impede de dar o passo inaugural, o primeiro degrau, que está ali, a sua frente, fácil, acessível e... impossível. O procrastinador é um namorado ansioso e desajeitado, o enrolado, um marido de longa data, lento e acomodado, de pantufas diante da esposa-tempo.

Há que se distinguir muito tais tipos, para não cometer a injustiça suprema de imaginar todo atraso ou tarefa incompleta como fruto da mesma mente. Não, estimados leitores e queridas leitoras, seria injustiça suprema acomodar no mesmo nicho as diferentes categorias. O enrolado é, no fundo, um ser folgado que confia na inequívoca elasticidade da paciência alheia e usa um sorriso malicioso ao explicar que... não deu. Ele quer que a simpatia calafete os buracos da sua estratégia. Sorri e ignora seu desespero. Prometeu e já sabia que nunca cumpriria. Explica contingências ineludíveis, intransponíveis, com leveza e naturalidade. Afinal, quem nunca enrolou, ele arremata com olhar maroto em busca da cumplicidade da sua culpa. É um malandro de alma que olha para a ampulheta da existência com sorriso sardônico.

Não confunda o modelo descrito há pouco com o pobre procrastinador. Realmente, o procrastinador tenta, mas é quase genético. Como ele não pode mudar seu genoma, acaba também barrando a metamorfose da atitude. É um DNA procrastinante. Como levar adiante a pletora de atividades pela frente? Onde inicia a ação que deslindará tudo, fio a fio, em metódica dedicação ao fato realizado? O procrastinador não consegue. O início e o fim do seu ouroboros são quase indistinguíveis. Assemelha-se sua visão aos antigos rolos de durex nos quais você não conseguia perceber pelo tato ou visão como poderia iniciar o descolamento de uma parte do todo.

Toda reflexão sobre enroladores e procrastinadores emerge com a força de um terremoto quando alguém realiza uma reforma em casa. Sim, se você já fez uma obra sabe que quase todos que prestam serviços fizeram curso com Antoni Gaudí na igreja da Sagrada Família, de Barcelona. Eles lidam com o conceito agostiniano de "tempo, dom de Deus", impenetrável à matemática humana e associado à perenidade divina. Sim, o genial catalão podia afirmar que o contratante tinha paciência por ser eterno, nós temos menos futuro.

Enrolados do mundo, uni-vos e embarcai para viagem definitiva para outro planeta. Procrastinadores do planeta, tratai-vos. Vítimas de ambos, acalmai-vos, eles fazem parte do destino para burilar nossa paciência. Você está com algo atrasado? Pode atirar a primeira pedra?

O coração das coisas

O músculo cardíaco é uma parte importante do corpo humano, como todos sabemos. Em harmonia e de forma tranquila, ele terá executado um trabalho enorme ao longo de toda uma vida. Batendo entre 60 e 100 vezes por minuto nos adultos, pulsa ainda mais rápido nas crianças. Como máquina, é admirável, se você supuser como ele funciona por uns 80 anos sem grandes manutenções. Como aparelho, o que mais existe na sua casa que tenha essa longevidade e eficácia?

O primeiro transplante cardíaco foi realizado pelo cirurgião sul-africano Christiaan Barnard, em 3 de dezembro de 1967. O paciente faleceu pouco depois. Um coração humano havia pulsado no peito de outra pessoa: foi uma revolução. Hoje, nossas tecnologias são um pouco menos invasivas e mais eficazes. Como parte do homem ciborgue previsto por Yuval Harari no livro *Homo Deus*, estamos perto de uma completa automação tecnológica do "motor da vida".

Antes de ser destrinçado e dissecado pela Medicina, o coração era tratado com mais poesia. Sede da memória, saber algo de cor (*"par coeur"* em francês, *"by heart"* em inglês, com ligeira alteração de preposição) era saber de coração, forma automática de memória. Anunciar que o conhecimento está "de cor e salteado" é orgulhar-se do perfeito domínio do tema. A aliança do dedo anelar faz parte de uma crença antiga de que ali existiria um longo vaso sanguíneo que levaria direto ao coração, trazendo o casamento sempre à memória. "Ouça mais seu coração do que seu cérebro" implica afirmar que a sinceridade, pelo menos metaforicamente, estaria nos afetos em detrimento da razão. Curioso é que afetos e razão são processados dentro da mesma caixa craniana, porém a ideia permanece.

Santo Agostinho era representado com um coração na mão, tradição que pode ter nascido das suas frases mais apaixonadas nas *Confissões*: "Tarde Te amei, ó Beleza tão antiga e tão nova... Durante os anos de minha juventude, pus meu coração em coisas exteriores que só faziam me afastar cada vez mais d'Aquele a Quem meu coração, sem saber, desejava...". Esse arrebatamento inspirou o pintor Philippe de Champaigne, no século XVII, a retratar o santo com um coração em chamas na mão esquerda e uma pena na direita. Progredia a estilização do músculo cardíaco.

No mesmo século do pintor de Agostinho, houve o ciclo de visões de Santa Margarida Maria Alacoque. A freira viu a imagem do Sagrado Coração de Jesus repetidas vezes. O Mestre pedia que ela divulgasse a devoção e elaborou as doze promessas que seriam concedidas ao fiel que fosse à missa e comungasse em nove sextas-feiras iniciais do mês. Entre as promessas estão a paz para as famílias, aumento da fé, sucesso nos empreendimentos e, por fim, a principal: a graça da salvação eterna.

Instigado pelas ideias da freira alemã Maria do Divino Coração (que viria a morrer em Portugal, em 1899), o papa Leão XIII consagrou o mundo inteiro ao Sagrado Coração de Jesus. Os fiéis do Brasil cantaram ao longo do século XX o hino "Coração Santo, Tu Reinarás, Tu, nosso encanto, sempre serás". Em 1931, ao ser inaugurada a estátua do Cristo Redentor na capital da República, poucos brasileiros notaram que há uma dupla mensagem: os braços abertos para receber e redimir todos e um coração no centro do peito para amar a claudicante humanidade. Junho é o mês do Sagrado Coração de Jesus.

A devoção ao coração de Jesus foi acrescida com a similar inclinação piedosa ao Imaculado Coração de Maria. Nossa Senhora das Dores já era representada com sete espadas no coração, significando os pesares da mãe do Messias. A profecia de Simeão, a perda de Jesus no Templo ou contemplar o Filho na Cruz eram exemplo das adagas lancinantes que Maria enfrentou. O Imaculado Coração de Maria tem rosas em geral, como o Coração de Jesus é representado sangrando, flamejante e rodeado de espinhos. A devoção aumentou muito a partir das aparições de Fátima, por pedido expresso da Virgem aos pastorinhos.

Dos altares para as vitrinas, o símbolo triunfou. Em ouro ou diamantes, joias cordiformes vendem com facilidade. Apaixonados representados em quadrinhos suspiram em corações. O emoji de mesmo formato (com muitas variações) é utilizado diariamente. Fazer o símbolo com as duas mãos e os polegares para baixo traduz um gesto amoroso e, reconheçamos, ligeiramente cafona. O coração é um sucesso de público nos altares, no WhatsApp e nos quadrinhos. Apesar de quase todos os órgãos humanos serem vitais, fígado, cérebro e intestino grosso nunca receberam a mínima parcela de estilização artística ou poética. Nunca houve a expressão "entregue-me seu pulmão porque desejo estar com você para sempre". Jamais! A metáfora cardíaca, sacra ou profana, sempre é vitoriosa e eclipsa todos os outros itens corporais.

No "sermão da Montanha", síntese do cristianismo, Jesus indica que, onde estiver o tesouro de alguém, ali estará seu coração (Mt 6,21). Trata-se de grande meta de conhecimento de si: aquilo que move meus afetos, o que emociona cada fibra do meu ser, o que desperta risos ou lágrimas sinceras é o valor central da minha existência, o resto é adereço. Nesse sentido, siga seu coração como metáfora e cuide dele como biologia. Creio residir no duplo cuidado o segredo de uma vida longa e tranquila.

Trágicos e cômicos

Tratar da humanidade e de suas personagens em polos sempre fez sucesso. Lembro da dupla "apocalípticos e integrados", de Umberto Eco. Ocorre-me o binômio do "ladrilhador e do semeador", de Sérgio Buarque de Holanda, e tantas outras. Adoramos pares, especialmente opostos.

Quero falar de trágicos e cômicos. A tragédia é uma arte elevada que deveria, segundo Aristóteles, produzir catarse no público. A musa trágica é Melpômene. Apesar dos temas profundos e cheios de dor, seu nome evoca melodias. Minha avó Maria nunca ia ao cinema para ver filmes tristes, pois de "amarga bastava a vida". Os gregos clássicos discordariam e tinham nas obras de Ésquilo ou Sófocles um ponto alto da sua expressão artística. Tragédia era um programão em Atenas.

Há pessoas que parecem ter nascido sob a sombra de Melpômene. São almas trágicas, enumerando desgraças e o fim inevitável de tudo. Se fossem uma personagem mais recente, seriam como a hiena Hardy de um desenho animado de Hanna-Barbera. Incapaz de sorrir, era dela o mote permanente: "Oh vida, oh céus, oh azar". A eterna pessimista afirmava que não iria dar certo e, quase sempre, estava correta. O trágico e o pessimista têm parcela importante da razão.

Os filhos de Melpômene têm, como a sua musa, coroa de cipreste, a árvore que evoca os mortos. Lembram o pior de tudo. Apostam no caos. Ironizam otimistas e, com frequência, estão certos. A dor parece conferir importância a algumas pessoas. Seus sofrimentos alardeados, seus temores recorrentes, sua família problemática e suas finanças tumultuadas constituem um sentido elevado como uma nova Pietà mostrando o filho morto ao colo.

Estimado leitor e querida leitora: vocês devem ter uma Melpômene no círculo de relações. É preciso entender que a felicidade dela é a infelicidade. Explico-me: retire-se o discurso trágico e nada sobra. A dor permanente é um cobertor generoso a ocultar muitas outras coisas. Tudo ruiria nos trágicos se não fossem acompanhados pelo gemido pungente da sua própria lamentação.

Melpômenes têm uma vantagem social: adoram enterros e situações de UTI. Aparecem imediatamente, ficam além do necessário e, sob o manto da solidariedade, diluem-se no cenário sombrio com tranquilidade de ator que encontrou o papel mais adequado. Choram junto, relembram suas próprias dores, posam de moralistas do século XVII a evocar a vacuidade de tudo.

Nunca tente consolar uma Melpômene, ela fica mortalmente ofendida com o seu descaso. Pelo contrário, o ideal é reforçar que coisas ainda piores podem acontecer e que tal contratempo é só a ponta translúcida de um gigantesco *iceberg*. A verdadeira Melpômene agradecerá e, por um instante, seu rosto úmido de lágrimas encontrará a vaidade de constatar que nunca alguém sofreu como ela. Afinal, se ela é a pessoa para quem tudo dá errado na vida, o universo inteiro gira em torno de seu umbigo, sabotando cada ato. Se o alegre é o sol que ilumina, o trágico é o buraco negro que absorve toda a luz.

Há um gênero oposto: os filhos de Tália, a musa da comédia. São cronicamente otimistas, inquebrantáveis no propósito da felicidade. Lembrei-me de Lippy, leão risonho e sempre otimista, companheiro oposto e inseparável de Hardy.

Vamos ao outro lado. Os otimistas incuráveis ganharam um *up* com as redes sociais. Podem espalhar mensagens tomadas de risos, flores, poemas, orações, mãos em prece e um fluxo incessante de promessas de porvir glorioso. Fazem mal aos diabéticos, pois sempre destilam coisas doces.

Tália, a alegre musa deles, gera filhos piadistas, autores jocosos, gente que em meio aos maiores tormentos consegue encontrar graça e criatividade rindo da situação. Melpômene escreve editoriais; Tália cria memes. Tália é leve, Melpômene pesada. Ter só Tálias em uma noitada é uma boa pedida, porém é complicado conviver com uma pessoa que ri o tempo todo. É divertido encontrar a graça, é cansativo rir sempre de tudo. Musa trágica é quase sempre sufocante com lufadas de um incenso fúnebre. Tália começa bem, mas, como um bom pote repleto de papo de anjo, vai enjoando até os mais carentes da suavidade do açúcar.

Os gregos imaginavam traduzir uma gramática do universo ao elaborarem seus mitos. Servem como referência e figura de linguagem. Falavam da força de Héracles/Hércules, a sabedoria de Palas Atena/Minerva ou a sedução de Afrodite/Vênus. Em todos os grupos humanos podemos supor haver esses "tipos ideais" para entender o equilíbrio do mundo e sua infinita variedade. Toda família e todo grupo de trabalho apresentam uma ou mais Melpômenes. Impossível não encontrar ao menos uma Tália divertida na noite. Talvez o maior sentido seja a fusão de ambas, pois a vida parece correr tragicômica, fundindo desastre e realização em cada esquina, dor e riso a cada passo. A filosofia estoica ensina a um distanciamento do engano de ambas, pois alegria e dor interrompem nosso equilíbrio. A autoajuda contemporânea ensina que você pode abraçar Tália para sempre, basta querer. Poetas e budistas pregam que a dor é inevitável, porém o sofrimento é opcional. Velhas tias em suas poltronas asseveram que a vida é assim mesmo, com seus altos e baixos.

Se o domingo estiver pesado, chame Tália para almoçar. Porém, marque hora para ela ir embora. Açúcar engorda e enjoa. Melpômene não precisa ser convidada, é brinde do pacote vida.

O deus das pequenas coisas

Existe a grande ética, aquela analisada por Aristóteles e que fala das escolhas corretas para atingir a felicidade verdadeira. Também a grande ética contemporânea trata da lisura nos negócios públicos e privados e inunda nossas manchetes há alguns anos. A grande ética filosófica e política é um debate fundamental e uma prática indispensável. Hoje quero tratar da pequena ética, a etiqueta.

Muita gente imagina que aprender etiqueta é distinguir o copo correto para o vinho adequado, a maneira apropriada de segurar o *escargot* ou instruções para que o uso da lavanda seja natural. Lembrem-se: alguém de família aristocrática nunca precisou de uma aula sobre a lavanda porque nasceu vendo seu uso. O nosso nobre não aprendeu o correto uso do guardanapo com uma professora de boas maneiras ou em algum livro, ele viu sua mãe usando desde a infância. O ramo formal da etiqueta tem algumas regras de bom senso e outras absolutamente ridículas. Volto à origem do termo. No Antigo Regime, quando alguém que não pertencia ao círculo da polidez da nobreza ganhava um convite para visitar a corte, recebia uma etiqueta, um pequeno "rótulo" com as instruções do que fazer e do que não fazer.

Não quero falar do campo do uso de garfos e facas. Não desejo distribuir etiquetas de visita ao rei. Quero falar da etiqueta como pequena ética. O centro da etiqueta é fazer com que meu comportamento exista em harmonia com os outros, sem perturbar, invadir, desagradar ou agredir pessoas de forma intencional. Se a grande ética mira na convivência da *polis* e das suas instituições, a pequena ética fala do respeito microfísico do poder da gentileza.

No recorte que quero abordar aqui, o primeiro passo é multiplicar expressões que me desloquem do centro do universo. Com palavras e gestos, devo indicar que faço parte de um todo maior e que existo, mas não vivo isolado. Assim, "por favor", "com licença", "muito obrigado" e o coloquial "me desculpe" indicam que desejo me harmonizar com outras pessoas, respeitar suas existências. Todos os indivíduos que prestam favores, devem ser notados para retirá-los do seu caráter de robôs e reintegrá-los ao mundo humano. O "por favor" e o "muito obrigado" têm, ambos, o dom de aplainar o automatismo das ações, reconhecer que existe um ser humano que está me servindo e que, por pequeno que seja o gesto, deve ser notado. Se o gesto for feito por alguém que não tem nenhuma necessidade de me dirigir uma ajuda, as expressões se tornam mais enfáticas ainda. Se a pessoa que me serve, por motivos profissionais, cumpre seu estatuto laboral, as duas expressões revestem o servido com a aura da gentileza e da humanidade, reconhecendo o bom serviço e o humano que ali trabalha e cumpre bem seu ofício.

"Com licença" implica a plena consciência de que necessito invadir um espaço que não é meu. O coloquial e proclítico "me desculpe" afirma ao mundo minha falibilidade e meu arrependimento por um gesto ou expressão inadequados. Um pedido de desculpas, pequeno ou grande, é o simbólico reconhecimento da nossa igualdade e de que somos perfectíveis, não perfeitos.

As quatro expressões utilizadas devem ser enunciadas de forma clara e olhando nos olhos da pessoa. Sem esse cuidado, ingressam no campo do automatismo e deixam de ser uma pequena ética para se diluírem no campo oco da formalidade fria.

A cena se repete diariamente nos restaurantes. O indivíduo faz um pedido olhando para o prato ou, pior, digitando algo no celular. Sem contato visual e com a voz projetada para baixo, amiúde não é entendido e chega a se irritar com a falha que, na origem, é dele. Depois, recebe o pedido e de novo não agradece ou sorri. Malgrado o gesto grosseiro e vulgar, utiliza o talher correto para o peixe e harmoniza o vinho com sabedoria. Ele compreendeu o acessório e ignorou o principal. Se fosse um católico, saberia todas as respostas da missa com clareza, só não sabe o sentido real da sua presença na igreja.

A etiqueta empurra nosso egocentrismo para a jornada de purificação e o começo da ascensão moral. A gentileza é a chave de uma canastra inaudita que libera surpresas positivas. Ser gentil desarma cenhos e punhos. A gentileza é o deus das pequenas coisas, o antídoto ao Neandertal permanente que nos acompanha no trânsito, à mesa e no leito. A grosseria é densa e esconde nosso ser dos outros, pois é uma defesa. A gentileza traz à tona o melhor de cada um.

De tudo o que já escrevi na minha vida, este é o que mais preciso ler, reler, refletir e tentar seguir o que recomendo aos outros. Meu troglodita interno é vivo, forte e altivo. Sob a pátina de civilizado há em mim um homem primitivo e tosco. É uma luta. Sou derrotado com frequência, todavia tento, tento e tento novamente. Todas as muitas vezes que eu não consigo, peço licença a vocês, dou meu muito obrigado ao carinho e, por favor, aceitem meu proclítico "me desculpem".

O triplo pai

Quando eu era jesuíta, corria uma piada interna, naturalmente favorável à Companhia de Jesus. Disseram-me que, certa feita, em uma sala de espera do Vaticano, três religiosos aguardavam para serem atendidos por algum cardeal. De repente, falta luz e a sala mergulha em profunda escuridão. Parados ali, os padres começam a falar. O frade franciscano, tomado pelo espírito poético do fundador, começa a entoar um "Cântico da escuridão": "Louvada seja irmã treva que emoldura a luz e nos faz anelar pela radiante esperança divina". E prosseguiu em alegria despojada saudando o breu. Outro frade mendicante, um dominicano, esperou o poema do religioso terminar e, fiel à tradição teológica de um Tomás de Aquino, refletiu se as trevas seriam o devir da luz ou a potência aristotélica no equilíbrio entre a solução de Parmênides e Heráclito. Por fim, ainda em curso a douta explicação do filho de São Domingos, a luz é restaurada. Eis que retorna o jesuíta que tinha se ausentado para trocar o fusível.

Sim, eu sei, piadas religiosas raramente são engraçadas. Se forem corporativas então, ainda apresentam um discreto traço de preconceito. O que quero extrair da anedota é a caracterização de três personalidades: a poética, a intelectual e a prática.

Os poetas parecem ver o mundo a partir de um prisma especial. Engendram palavras, criam rimas, suspiram, admiram ou rejeitam o mundo por meio da sua lira interna. Cruel ou amorosa, realista ou dada a devaneios metafóricos, a poesia sempre trata da beleza, mesmo que seja, como no clássico poema de Baudelaire, a descrição de uma carniça abjeta. A beleza existe na arquitetura poética que contempla a morte ou a rosa como algo único e especial.

Os intelectuais são parentes próximos dos poetas. Buscam causas primeiras, analisam, verificam, pesam na balança da verdade científica as verdades dogmáticas que, até então, eram aceitas pela autoridade da tradição. O intelectual busca, independentemente da sua orientação política, o que ele pode demonstrar como o verossímil a partir de argumentos verificáveis. A busca do melhor e mais embasado argumento existe para o intelectual como a palavra mais bem engastada emerge do cérebro poético.

Por fim, com parentesco mais distante, emergem os práticos. Claro que há intelectuais práticos e, talvez, até poetas práticos. O prático puro pergunta da utilidade da lei científica ou do valor verificável do soneto. O prático clássico tem mente de engenheiro, profissão prática por excelência. Um engenheiro civil pensa em resistência de materiais, custo e viabilidade da obra. O arquiteto é mais bem entendido pelo poeta e pelo intelectual. O prático ama engenharia. Resultado verificável das diferenças: arquitetos resistem muito a tomadas numerosas; engenheiros adoram os orifícios na parede que permitem o fluxo de energia elétrica. Arquiteto pensa na fealdade daquela interrupção da suave curva que projetou, a execrável tomada. O engenheiro perguntará quantas seriam necessárias para o uso futuro da sala e se devem ser de 110v ou de 220v.

São arquétipos, claro. Os modelos de poeta, de intelectual e de prático existem amalgamados dentro de todos nós. Os exemplos de arquitetos e engenheiros constituem-se em estereótipos para fins didáticos e lúdicos.

O título prometia uma receita de pai. Tergiversei pelo Vaticano e pelo mundo profissional. Eis o meu objetivo: um bom pai reúne os três tipos. Para ser pai é indispensável a poesia, a capacidade de ver além do que meus olhos registram. Um bebê é um poema embrionário. Perceber nele todos os épicos subsequentes implica imaginação poética. Ali está seu filho, chorando e sorrindo, versos livres, achando suas rimas e sentidos. Ali está você, autor e testemunha da obra agitada e adorável. Nada mais poético do que notar ritmos de narrativa, adjetivação, linguagem conotativa e denotativa e possibilidades infinitas à frente. Todo bom pai deveria ser um poeta imaginativo.

Um pai tem o impulso racional para o esclarecimento, a busca dos andaimes que explicam a parede, destrinçando fatos que parecem aleatórios. O olhar paterno busca padrões, tendências, regras, leis e exceções. Enfim, deseja controlar o randômico da própria natureza impresso na filha ou no filho. A biografia dos seres que gerei será uma eterna querela entre a ciência e o ser, entre os livros e o resultado complexo do laboratório.

Por fim, impossível ser pai sem ser prático. Vacinas, transportes, banhos, orçamentos, estratégias para vencer birras. Ser pai é constituir uma planilha interna muito complexa e elaborada. Um pai sempre vai mancar se for apenas poesia, abstração ou vida prática. Sem poesia, meu filho não cultivará a alma; sem abstração, não regará o cérebro; e, sem cuidados práticos, perderá o corpo. Um bom pai é jesuíta, franciscano e dominicano, troca fusíveis, pensa e se diverte esteticamente. Um bom pai está inteiro na paternidade. Sempre lamento que exista mais gente fértil do que vocações para a paternidade. Ser pai é complicado de uma forma diferente da complicação de ser mãe.

Hoje tenho saudades do meu pai, doutor Renato Karnal. Era bom intelectual, tinha sensibilidade poética, nem sempre foi prático na dura medida que a vida demandava. Ninguém é perfeito e, talvez, essa seja a chave de eu sentir tanto a falta dele. O mais importante: amou-me de forma intensa, especial e muito generosa.

Ódio nostálgico

No mundo do marketing pessoal e de redes sociais onipresentes, as pessoas vendem um produto fundamental: elas mesmas. A imagem é decisiva e precisamos ser camelôs exibindo na barraquinha virtual a nossa felicidade e o *glamour* da nossa vida exuberante. Como em todo comércio informal, surge o bordão de antiga propaganda: *"La garantía soy yo"*.

Além da "self-propaganda" permanente, alguém hábil sabe que deve adotar causas nobres, defender coisas de amplo apelo e evitar polêmicas complexas. Lembro-me de assistir a um elaborado show de elefantes amestrados na Tailândia e todos fotografavam incessantemente, como de hábito. De repente, uma das colegas de viagem advertiu: "Não publiquem fotos de animais em shows ou sendo usados dessa forma, causa muitas descurtidas". A frase caiu como uma bomba. Sim, o show seria visto, aplaudido, apreciado, porém... não poderia ser publicado nas redes. Fotos politicamente incorretas seriam um buraco negro destruidor do esforço de marketing. Imagem tem valor de mercado.

Vamos aprofundar a ideia ética do espaço virtual. O império da virtude é saudável, ainda que contenha um traço maquiavélico de parecer em vez de ser. Todos viramos a mulher de César necessitando alardear o correto. Ainda assim, precisamos conter discursos de ódio e ter consciência de que palavras podem estimular violências físicas concretas. O primeiro passo de todo genocídio é a piada infame. Para que uma mulher seja espancada, em algum momento a música, a propaganda, o humor e o debate de bar precisam construir um esvaziamento da dignidade feminina. As palavras machucam antes do sopapo. Não há como usar o argumento de liberdade de expressão diante de crime, como racismo ou violência contra a mulher. Aumentamos nosso zelo sobre afirmações, músicas e humor.

O medo e o ódio perderam seu passaporte universal e passaram a preferir outras máscaras. Eu não posso dizer (e insisto, é correto que não possa) que tenho uma ideia preconceituosa (contra a região Nordeste ou contra gays, por exemplo). A fala não pode mais ser tão livre como era até ontem. O discurso de ódio faz perder clientes e até pode barrar uma entrevista de emprego. O velho ser preconceituoso ainda não morreu e o novo, isento de preconceitos, está por surgir. Desponta uma paralaxe, uma separação entre sentimento e fala. Passamos a funcionar como a anedótica cena com Galileu: forçado pela máquina repressiva da Igreja a dizer que a Terra não se movia, calou-se, aceitou teatralmente e salvou sua vida. Segundo a tradição, teria se voltado ao prédio do tribunal e dito: *"E pur si muove!"* ("no entanto, ela se move").

Galileu, publicamente, tinha de adotar o geocentrismo e mostrar sua submissão a um paradigma equivocado. A frase dita à socapa, entredentes, era a vingança do indivíduo contra a repressão. Em semissilêncio, Galileu Galilei resguardava parte da sua dignidade, dizendo que, ao menos dentro dele, continuava firme o curso da crença heliocêntrica. "Podem me obrigar em público, jamais na minha consciência", poderia ter pensado o pisano.

No século XVII ainda não tinha despontado o Grande Irmão de Orwell. Não era fundamental a convicção interna, apenas a exteriorização. Galileu podia valer-se da duplicidade maquiavélica já aludida: parecer era mais importante do que ser.

A comparação que fiz tem uma provocação: Galileu estava ao lado do avanço científico e trazia uma ideia nascida de observações demonstráveis. O preconceituoso, pelo contrário, é o lado da Inquisição: jamais se sustenta no real e nunca pode demonstrar suas convicções. O preconceito nunca é científico. A diferença é que o pensamento preconcebido era institucionalizado.

Voltemos ao mundo atual. No momento em que racistas, homofóbicos, misóginos e outros quejandos não podem mais expressar seu ódio de forma tão aberta como antes (pela lei ou vigilância pública das redes), eles passam a evidenciar uma adesão aparente ao correto. Internamente, não tendo existido o consenso, mas apenas o medo e a coerção, em vez de afirmar de forma inaudível seu protesto, ele passa a usar perfis anônimos para demonstrar a barreira entre o público e a crença interior. Galileu, mal comparando, pode gritar à vontade, desde que assine como italianoindignado67. A internet substituiu o medo da fogueira pela certeza do anonimato sombrio e covarde, propiciando que os ódios mais tenebrosos possam encontrar um lugar ao sol.

No caso de Galileu, era o paradigma novo lutando contra o atraso científico e a repressão intelectual. No caso do anonimato das redes, o preconceituoso encontrou um nicho úmido para que sua faceta covarde possa continuar germinando. Por anos, ele fez piadas infames sobre as mulheres. As pessoas riam e nunca houve problemas. Agora, seu ódio e seu medo viraram argumento para ser barrado na promoção no trabalho, já que seu perfil era de um *hater* e as empresas não podem ofender consumidores. Impossibilitado de se expressar à luz do dia, ele veste o manto da invisibilidade das redes e, confortável, pode voltar a ser o velho panaca de sempre, sem refletir ou questionar. Este é o lugar agradável do ódio, a fluidez direta do preconceito e o escudo protetor que um discurso excludente traz. O ódio permanece, mesmo quando proibido pela lei ou desestimulado pelo politicamente correto. Conseguiremos estimular o consenso sem usar da coerção?

Sinceric í dio

O neologismo do título é conhecido. Há pessoas que dizem a verdade mesmo que o mundo pereça. São camicases da palavra, homens-bomba do real, piromaníacos de si e das relações. As crianças, os alcoolizados e alguns idosos costumam apresentar o estranho compromisso com o real batizado de "sincericídio".

Ser verdadeiro é uma virtude. Jesus garantiu que a hipocrisia era um mal e que a verdade nos libertaria (Jo 8,32). Sempre consideramos o demônio o pai da mentira. Todos os termos são negativos para aquele que mascara o que pensa: hipócrita, mentiroso, falso, dupla face, oportunista, fariseu, fingidor, adepto da felonia, Judas, perjuro, logrador, embusteiro, amigo da falcatrua, 171, tratante, Tartufo, traiçoeiro, truqueiro, postiço, trêfego, improbo, desleal, trambiqueiro, ardiloso, pérfido e muitos outros em nossa língua riquíssima. As palavras foram multiplicadas para o mesmo e universal repúdio ao mentiroso.

Os estereótipos se multiplicam carregados de preconceitos. Os políticos seriam desonestos e sem compromisso com a verdade. Os homens seriam todos falsos na conquista amorosa. As mulheres? Não se poderia confiar nelas. Os gays seriam cínicos e dissimulados. Comerciantes venderiam mentiras sobre seus produtos. Médicos aumentariam ou diminuiriam a gravidade do caso. Mecânicos inventariam problemas inexistentes. Viciados enganariam a si próprios com inverdades sobre sua dependência. Os clichês vão sendo construídos sempre em torno dos lugares da virtude e do vício.

A verdade é clara e brilhante. É radiosa, modelo moral e meta de vida. Não se pode viver sem respirar o ar da honestidade da fala e dos gestos, assim acreditamos em nossa fase virtuosa. O primeiro pecado foi a desobediência. O segundo? A mentira. Dupla infração: os primeiros pais não acreditaram na verdade enunciada pelo Criador e ainda culparam a serpente pelo ato deliberado. Ao suporem que Deus estaria mentindo sobre o fruto proibido, Adão e Eva mostram que, antes da queda e antes de tudo começar, já se desconfiava da palavra do outro. A hipótese da mentira preexiste ao erro em si. Quando acho que todos podem mentir, não apenas demonstro que sou realista ou negativo ao extremo, igualmente evidencio a premissa do espelho: os outros são mentirosos porque refletem o meu comportamento moral. O primeiro casal ainda não tinha errado em nada, eram puros, completamente imaculados e já supunham que alguém poderia mentir. Difícil saber se a mágoa d'Ele nasceu da desobediência ou da calúnia. Como eu posso imaginar o mal e a mentira se ainda nunca vivenciei nenhum problema ético ou moral? Eis o inusitado da possibilidade da mentira: ela é anterior à própria queda. Somos mentirosos ainda na inocência.

Voltemos ao sincericídio. Eu que escrevi minto, você que lê mente, a humanidade mentia no Éden e mente na reunião de condomínio. Todos já mentimos alguma vez, muitos já mentiram muitas vezes e alguns mentem sistematicamente. Há o tipo puro, aquele que mente sempre e o mitômano, que acredita na própria mentira. Seria o último um hipócrita? A variedade pode estar na frequência, o erro é coletivo.

A mentira nos une e humaniza. Como ela é feia, fazemos tratamentos estéticos para trazê-la ao convívio. Dizemos que ocultamos tal coisa para a pessoa não sofrer. Mentimos para proteger e enganamos por amor. São variantes de Adão: "Foi a mulher que me deu". Mentimos muito, mas, claro, sempre porque desejamos evitar males maiores. Você me acha feio? Você me acha gordo? Você me ama de verdade? Você gostaria de estar sozinho e não comigo? Você já me traiu? As perguntas são delicadas. As respostas precisam ser medidas e pesadas. A palavra "sincerão" tem certa graça, o convívio com o próprio nem tanto...

Uma pessoa cozinha para mim. Dedica-se ao prato. Ela coloca carinho na obra, abre sua casa e seu coração, compartilha a refeição e o sentimento. O prato é ruim. A necessidade afetiva/social provoca o exercício complexo de dissociar o rosto da fala e, pior, afastar o que dizemos daquilo que sentimos. "Então, como estava?" Surge a mentira piedosa. Como dizer que a intenção foi das melhores e o resultado intragável? Como responder sem mentir? Qualquer relativização ou gradação provoca dor e raiva. "Você realmente tentou e eu estou feliz e emocionado, mas o resultado ainda é abaixo do bom." Brota o ódio mortal, mesmo antecipado de elogios afetivos. A pior das situações, a mais enganosa frase do mundo: "Eu quero que você me diga a verdade". Quase ninguém sobrevive à verdade. Não adianta adocicar a seta da crítica no mel dos elogios prévios, o sincericídio é fatal à relação.

Que solução existiria para comentar o presente pavoroso que você acaba de receber de uma pessoa com os olhos imersos em expectativas com sua reação? "Gostou?" Como responder? Como dizer "não, isso não tem nada comigo, é oposto aos meus valores práticos e estéticos, você errou, miseravelmente, demonstrou nada saber sobre mim e projetou apenas a si neste presente". Essas considerações que você já pensou muitas vezes, não podem ser enunciadas. Machucam o esforço genuíno e sincero do presenteador. Posso pensar que o que vale é a intenção, o gesto, a vontade e não o produto que ali está a gritar que a pessoa não me conhece. Minto com o rosto, minto com a fala e minto com o abraço de agradecimento. Poderia não mentir?

O mundo seria um lugar melhor se você seguisse o conselho da autora do *Grito de guerra da mãe-tigre*, Amy Chua, e, recebendo um cartão de Dia das Mães feito pela filha, dissesse que ele estava ruim e que poderia ser refeito em padrões mais elevados?

Produziríamos crianças mais exigentes, menos mimadas, mais realistas ou completamente inseguras? Eu colaboraria com o desenvolvimento da literatura se recebesse o poema enviado e fizesse uma genuína análise dele? A pessoa ficaria mais feliz se eu dissesse que era uma poesia ótima ou teria uma noção mais acurada de si e do mundo se eu dissesse que o texto é ruim e que a vocação de poeta é meteoro raro?

Para alguns estudiosos das Ciências Humanas, vivemos em conjunto e cooperamos em larga escala porque partilhamos valores que não existem em si. Acreditamos e precisamos acreditar em grandes ficções compartilhadas se quisermos viver em civilização.

Descobri que até os macacos mentem para conseguir mais comida no bando. Nossos primos genéticos e nossos ancestrais míticos do Paraíso mostram o universal da mentira como estratégia. Será que amamos os cães porque eles parecem sempre gostar de nós e nunca seriam falsos? Já pensou que até seu cachorro pode ser mentiroso?

A arte da conversa

Há dois tipos de conversa muito bons. O primeiro é o franco e direto, diálogo vivo que inclua seu eu mais profundo com alguém que você ama e confia. Como é bom falar de temas densos, de questões biográficas e estruturais. É libertador abrir-se sem medo. As horas voam e você não percebe. Caso você tenha alguém assim, aproveite muito. Conversa íntima é uma vacina contra a insanidade.

O outro tipo de boa conversa pode ou não estar contido no modelo anterior. Trata-se da conversa inteligente. Você enuncia uma ideia e sua companhia complementa, redargue, aprofunda, exemplifica, ouve e se faz ouvir com bons argumentos. Um diálogo inteligente é sedutor, quase erótico, um jogo gostoso como as gavinhas de uma hera que sobe pela parede do cérebro com elegância. Dois momentos intensos de felicidade dialógica: aquela que atrai a confiança e a que seduz o intelecto. Se você tem na mesma pessoa confiança e inteligência, entrega e criatividade, quase mais nada será sentido como falta na sua biografia.

Sejamos francos: a maioria das interações humanas foge dos tipos descritos. Nossa vida é dominada pela conversa de elevador, de consultório, de táxi, de avião, de festa. No geral, são falas sociais com o desconhecido ao seu lado com temática ampla e superficial. A ilha do diálogo denso, adaptando a metáfora do doutor Simão Bacamarte de Machado, é cercada pelo oceano do comum, do raso, do anódino e do placebo retórico.

No Brasil domina a ideia de que não é educado ficar em silêncio com outro ser humano. Mesmo que você não o conheça, além da saudação formal, nossa cultura exalta o imperativo da fala. Na Terra de Santa Cruz, falar é educado, o calar é tomado por grosseria. Em grande parte da Europa, ficar em silêncio é bem-aceito.

Para enfrentar nossa sociabilidade tropical, urge aperfeiçoar o "papo-furado". O conceito não é para amadores ou para conversadores triviais. Os iniciantes na delicada arte de falar nada com sofisticação começam pelo tempo: "Que calor, hem?". O recurso meteorológico é técnica de debutante. Resolve o silêncio constrangedor, mas evidencia a falta de traquejo.

O erro oposto, também típico de inábeis, é tornar a conversa densa em demasia. A conversa-fiada não poderia incluir seu fluxo de consciência, suas angústias ou devaneios, nem sequer seus sonhos dourados. Tais temas assustam o ouvinte e constituem excesso de tempo e de abertura pessoal. Raso demais ou denso em exagero são arestas evitáveis.

Como na "Teoria do medalhão", de Machado de Assis, há que se treinar a arte de nada dizer com certo requinte. Imagine a cena: você entra no elevador e há alguém. Impossível não notar. Um meneio de cabeça indica que houve percepção do outro.

Saudamos o ocupante do meio de transporte mais seguro do mundo. Nada de encarar ou exceder o volume. Algo discreto. O celular é ferramenta nova e boa: basta acessar e ficamos blindados e livres da interação. Papo-furado sim, mas jamais insultem a arte comentando que o elevador é lento ou rápido demais. Descrição fática derruba a arte. Seja criativo. Na placa do elevador existe uma advertência legal: verificar se o mesmo está parado ali. Adoro o "mesmo". Imagino o "mesmo" em um canto, rosnando assustado. O comentário jocoso pega bem. O interlocutor fica satisfeito, ninguém invade ninguém e o constrangimento passa. Ao sair, ele dará um tchau feliz, quase arrependido de ter de abandonar aquele espaço compartilhado com você.

No avião não existe a proteção do celular. A viagem pode durar horas. De novo um sorriso, um pedido de licença, o tempo preparatório para você afivelar-se e pronto: de São Paulo até Fortaleza serão mais de três horas. Não convém excesso de informações do tipo: "Estamos na fila 18, boa escolha para o judaísmo" ou "O lugar 8 é de bom augúrio na China". Por mais interessante que seja a numerologia histórica, pode irritar pelo pedantismo. Apresentar-se ajuda e a etimologia é caminho certeiro para a simpatia superficial. "Ah, você é Filipe, então você ama cavalos"; "Letícia? Você deve ser feliz"; "Cláudia, você manca?" Também existe pavonice erudita aqui, todavia, ao envolver o nome do interlocutor, o narciso dele atenuará a exibição do seu. A única coisa que perdoamos na vaidade alheia é se ela tiver por objeto a nossa. Como você vê, querida leitora e estimado leitor, há um mundo de técnica e talento na conversa rasa. Associar o nome da pessoa a uma personalidade ou santo é muito eficaz. Um homônimo de jogador de futebol famoso é terreno perigoso: pode sair do campo confortável do papo-furado para o da paixão.

Conversar é uma arte; calar é sabedoria pura. Em tempos que ninguém cala e jamais escuta o outro, conversar bem, calar e ouvir viram tripé inovador. Infelizmente, quem mais necessita não lerá a reflexão que você acompanhou.

A perfeição

O susto de reencontrar alguém que não vemos há anos é o impacto do tempo. O desmanche alheio incomoda? Claro que não, apenas o nosso refletido na hipótese de estarmos também daquele jeito. Há momentos nos quais o salto para o abismo do fim parece mais dramático: especialmente entre 35 e 55. Se você viu alguém na fase que os americanos chamam de *"early thirties"* e depois reencontra o mesmo ser com mais de 50, a sensação é similar à de Dorian Gray vendo seu retrato no sótão antes do final do romance de Oscar Wilde. Você pode mentir imediatamente com um "Você está bem" ou usar um eufemismo "Você parece cansado" (leia-se... detonado). A primeira mentira é opaca e a segunda, translúcida: ambas devem ser lidas de forma direta sem o bordado retórico. Podemos mentir mais que Pinóquio: "Você não mudou nada!". Ou, o mais cruel: "Como está conservado!".

Sim, você sabe que envelheceu. Existem sintomas evidentes: você usa relógio de pulso, possui guarda-chuva, deita cedo, tem refluxo se bebe à noite ou come algo pesado depois das 18h, fica tenso com celular novo, chama ensino fundamental de ginásio e o médio de colegial, não consegue aprender a reforma ortográfica que retirou trema ou o acento de "ideia", prefere livros em papel, apresenta dificuldades com figuras nas comunicações em redes sociais, conhece Elis Regina, porém não ouviu nada de Illy ou Mariana Mello, usa verbos como "revelar" (foto), compra CD, andou em praças pelas Diretas Já (e imagina se valeu a pena), chora no Natal, escreve "você" em detrimento de "vc", sabe alguns afluentes do Amazonas, adora atlas e consulta dicionários, conhece *jingles* da Varig ou das Casas Pernambucanas no inverno, polarizou entre Collor e Lula, lembra quando conheceu kiwi e mamão papaia, ainda apresenta dificuldades com os palitinhos no sushi, acha o som muito alto (de novo o inglês: *too loud*, *too old*), relembra com saudades do primeiro Rock in Rio... Também há nítido envelhecimento se sua memória de coquetéis inclui Cuba Libre, Hi-Fi com Fanta, Grapette ou Martini Bianco. Você comeu coquetel de camarão, viu um abacaxi em festa tomado de palitinhos com queijo e presunto, cultivou samambaia de metro ou lembra de Chaparral? Por fim, o cabo Bojador de todo teste de idade: você sabe o que é uma pessoa "boko moko"? Bem, há uma chance enorme de você ter de usar óculos corretivos de presbiopia ao ler este texto se houve identidade com os enunciados anteriores.

Agatha Christie (também um indicativo de idade) deu um lindo argumento para todos nós que envelhecemos. Na sua *Autobiografia*, narra que a solução de um casamento feliz está em imitar o segundo casamento da autora: contrair núpcias com um arqueólogo (no caso, Max Mallowan), pois, quanto mais velha ela ficava, mais o marido se apaixonava. Talvez o mesmo indicativo para homens e mulheres estivesse na busca de geriatras, restauradores, historiadores, egiptólogos ou, no limite, tanatologistas.

Envelhecer é complexo, a opção é mais desafiadora. O célebre historiador israelense Yuval Harari prevê que a geração *alpha* (nascidos no século em curso) chegará, no mínimo, a 120 anos se obtiver cuidados básicos. O Brasil envelhece demograficamente e nós poderíamos ser chamados de vanguarda do novo processo. Dizem que Nelson Rodrigues aconselhava aos jovens que envelhecessem, como o melhor indicador do caminho a seguir. Não precisamos do conselho, pois o tempo é ceifador inevitável.

Restam os consolos. Falamos em permanecer jovens no coração, que nossa cabeça é de 20 anos, que ainda fervilhamos de sonhos, que não trocaria minha maturidade pela pele lisa de outrora... Sim, podem ser verdadeiros, raramente são sinceros por inteiro. Juventude virou um valor, uma força política desde 1968, um modelo de mercado forte e um domínio de tecnologia inerente à abundância de colágeno.

No pouco conhecido poema de Bilac, "Diálogo", o jovem afirma sua juventude e vigor e o ancião redargui com seu cansaço. Ao encerrar o diálogo, o terceto final enuncia "Herói e deus, serei a beleza!" "A beleza é a paz" "Serei a força!" "A força é o esquecimento..." "Serei a perfeição!" "A perfeição é a morte!".

Como em toda peça teatral, o descer das cortinas pode ser a deixa para um aplauso caloroso ou um silêncio constrangedor, quando não vaia estrondosa. É sabedoria que o tempo ensina, ao retirar nossa certeza com o processo de aprendizado. Hoje começa mais um dia e mais uma etapa possível. Hoje é um dia diferente de todos. Você, tendo 16 ou 76, será mais velho amanhã e terá um dia a menos de vida.

O sentido da vida

De todas as expressões que eu conheço, a mais difícil é o "sentido da vida". Dirigem-me muito essa pergunta em palestras e redes sociais. Tenho sempre dificuldade em dizer de forma direta que eu acho a vida extraordinária porque destituída de qualquer sentido. Todos estranham.

Claro, sou muito tranquilo com as construções de sentido que cada um possa desenvolver. "O sentido da vida é amar intensamente." "O sentido da vida é visitar muitos países e experimentar comidas." "O sentido da vida é ser feliz." Todas são propostas válidas, desde que saibamos, invenções nossas, sem uma régua objetiva que valide.

Fui muito marcado pelo existencialismo como corrente filosófica. A falta de sentido reforça nossa liberdade de ser e de projetar algum sentido. Apenas por má-fé achamos que o direcionamento deve vir de fora, ou ser dado por algo exterior a mim.

Alguns se inquietam com o caráter aleatório do sentido. Olham para o mundo externo e perguntam: "Isso é tudo? Termina aqui? Tudo o que eu vejo é o que existe?" Eu penso que o mundo já é muito, excessivo, além da minha capacidade de absorver. Nunca lerei tudo, nunca conhecerei todas as pessoas, nunca irei a todos os lugares. Todos vivemos em um mundo simples, único e isolado, distinto da experiência do outro ao lado. Quem pergunta se o que eu vejo é tudo está associando sentido ao campo material/imaterial ou, mais longe, ao físico e metafísico. Tal questionador quer algo além, mais abstrato, maior do que abarca seu olhar. Quando eu respondo que já há bastante para preencher os olhos e o tempo, estou dizendo que perceber e viver coisas é o sentido em si, e que ocupar o tempo é um valor. Ambos estamos certos, apenas precisamos colocar nosso eu como o arquiteto das duas ideias. Para mim, quem diz que não existe nenhum sentido ou quem afirma que existe uma causa maior, acima de todos, estão ambos no mesmo patamar: criam uma lógica que reforça seu próprio universo.

Eu cantava uma música do padre Zezinho nos ofertórios das missas: "Minha vida tem sentido, cada vez que eu venho aqui e Te faço o meu pedido, de não me esquecer de Ti". Religião é um extraordinário preenchedor de sentido, pois excede o tempo de uma vida e invade a eternidade. Da mesma forma, família é bastante popular desde o século XIX, quando inventamos lar como espaço de felicidade. "Minha família é tudo para mim" é frase boa, correta, impressiona e facilita aceitação social.

Quase sempre existe a confusão entre sentido e preenchimento de tempo. Manter-se ocupado parece ser um sentido muito difundido. Minha mãe lidava conosco, com a casa e empregadas o dia todo e, à noite, diante da televisão, fazia tricô. Mãos ocupadas e com coisas familiares combinavam um duplo sentido para o mundo doméstico.

Afinal, sentido é o que eu coloco como meta suprema ou como eu preencho o tempo para atingi-la? Uma parte expressiva da reflexão filosófica e dos livros de autoajuda mira na mesma meta: afinal, existe sentido? Sartre escrevia de forma relativamente fácil e era um intelectual popular. Se não tivesse morrido em 1980, estaria dando palestras em empresas sobre "projeto de vida"? Acho pouco provável, primeiro porque era pessimista, feio atrás dos seus óculos grossos, pouco sorridente e não diria para os funcionários algo que os motivasse a atingir metas. Dentro de um momento de Guerra Fria e sendo ele identificado com a esquerda, ainda diria que o sentido seria sair das amarras do capitalismo e viver seu próprio projeto.

Sim, os sentidos são aleatórios, pessoais e devem ser criados, inventados, no conteúdo positivo dos termos. Mas façamos um exercício: e se o sentido que você elaborou for, digamos, pouco consistente? E se você estiver reduzido às demandas imediatas e insuperáveis da chamada "pirâmide de Maslow"? Respirar, ingerir alimentos, excretar e dormir. Quatro verbos que não podem ser indefinidamente adiados ou ignorados por muito tempo. Acordar, comer, urinar, dormir de novo, beber, dormir, defecar, dormir de novo: insuportável pensar que seja só isso, não é? O sexo é vital, o instinto de reprodução é programado em quase todas as espécies, mas, sabemos bem, pode ser bastante adiado ou ressignificado. Os animais vivem dessa forma e jamais são depressivos, entediados, entusiasmados, ciclotímicos ou algo assim. Eles apenas agem dentro de códigos prévios e nunca perguntam pelo sentido ou, seguindo Heidegger, existem, mas não são.

"Torna-te quem tu és" é uma linda ideia de Nietzsche. Apesar de todo esforço demolidor do alemão, tornar-se aquilo que eu sou parece implicar uma verdade densa e interna, algo que eu possa descobrir com esforço racional e biográfico. "E se eu for nada, absolutamente nada, sem essência, sem sentido ou propósito?" A frase me conduziria à liberdade ou ao suicídio?

Lanço um desafio agora. E se em vez de você procurar na Filosofia ou no Céu o sentido último de tudo, você, hoje, apenas tomar um bom café? E se a água do chuveiro fluir sem perguntas sobre seu corpo e você usar aquela roupa de baixo e de cima que estava guardando para uma ocasião especial? E se olhar para as pessoas próximas com intensidade, interesse e zelo? Havendo alguém querido por perto, e se você o abraçar por mais tempo? Se, seguindo certa névoa budista, você não perguntar pelo ponto final ou inicial de tudo, todavia entregar-se ao ponto do agora, o único sobre o qual você tem certo controle? E se a falta de qualquer origem e de qualquer destino supremo for, em si, um bom sentido libertador que faz o aqui e agora fascinantes? Eis uma experiência para hoje.

Se não der certo, há milhares de livros e pessoas que falarão das estratégias de futuro e da busca de sentido para os próximos 30 anos e para o além eterno. Seguindo meu conselho ou o deles, como sempre, a escolha será sua.

O tempo e o sexo

Quando eu era jovem, ser apresentado aos pais da namorada era um momento decisivo e desafiador. A data era marcada, chegávamos ansiosos à soleira da casa e o contato era de extrema formalidade. Namoros tinham horários e dias marcados. A época era outra e a sociabilidade mudou muito. Havia barreiras, constrangimentos, beijos roubados, etapas e desejos contidos. Namorar implicava técnica de sítio a uma cidade medieval: era preciso cercar e ter paciência.

"Mudam-se os tempos e mudam-se as vontades." Todos os meus sobrinhos chamam de sogra e sogro os pais da namorada que conheceram há dias. É prática corrente dos jovens enamorados de agora a coabitação marital consentida e pública desde o primeiro instante. Completam-se três semanas de namoro e o jovem já anuncia à família de origem que terá de passar o Natal na outra casa.

Essa era, há 30 anos, uma negociação após o casamento na igreja. Uma amiga confessou-me o constrangimento de encontrar uma menina desconhecida em trajes menores na sua cozinha em plena e íntima manhã de domingo. A apresentação da candidata a nora é feita ali na cozinha. "Fazer o quê? Melhor que se encontrem aqui em casa do que na rua que é mais perigoso", justificam os resignados candidatos a sogros.

Do ponto de vista da psique humana, nossa raiva com esses atos nasce, em parte, da irritação que sentimos em ter tantos prazeres negados em nossa época e que agora são tão fáceis para a nova geração. Travestimos de moralidades e discursos elaborados o que seria apenas nossa inveja de não poder ter esses abundantes "*test-drives*" antes do casamento. Vivendo as responsabilidades de famílias atuais com todo seu corolário de obrigações, olhamos jovens vivendo apenas a parte boa da vida a dois. "Não pude ter a alegria que eles possuem hoje e eles não vivem o peso que experimento agora..." Eu sei, temos raiva, e uma maneira boa de disfarçar é apelar ao jargão que os "jovens não querem mais nada com nada". Talvez sejamos nós os adultos de meia-idade que estejamos exaustos de viver o "tudo com tudo". Nosso peso se ressente com a leveza alheia.

As crianças não sofrem mais castigos físicos e podem emitir livres e desabridas opiniões. Fedelhos recém-saídos dos cueiros determinam o cardápio de casa e eu tinha de deglutir fígado toda semana? Alunos vão para a escola e imaginam que o professor deva tornar a aula lúdica e atraente, ou seja, nada do terror pedagógico que vivemos com autoridades que localizavam sempre o erro em nós. Os livros têm mais ilustrações, os professores sorriem, a sala é mais leve e as provas, menos terríveis hoje. Mesmo assim, eles, sem perspectiva histórica, reclamam da dureza da escola!

Adolescentes e jovens derrubaram as bastilhas sexuais que nos aprisionavam e foram morar na Versalhes erótica do sexo sem contas a pagar e com corpos perfeitos? Ingressaram no campo da Revolução Sexual sem um Antigo Regime opressivo e moralista? Que raiva! Que injustiça! Que inveja...

A vida não é justa. Por que sou uma pessoa madura no momento da liberdade de jovens que demandam tudo e fui adolescente em um mundo dominado pelo poder de pais e professores? Jovem durante o domínio da gerontocracia e maduro na efebocracia? Que triste.

Tenho uma dúvida que nunca será sanada. Talvez seja uma última boia antes de reconhecer que sou fruto de um azar geracional apenas. Cercado de tabus e autoridades, inundado pelo moralismo religioso, arfando de culpa e de desejo, cada passo da descoberta sexual era um estupor enorme. O que seria um simples "amasso" no mundo atual era uma quase orgia de entrega a bacantes pagãs enfurecidas de desejo. O mundo repressor cria ansiedade e culpa e a culpa aumenta enormemente o prazer. Eu lembro do frêmito, da verdadeira convulsão que cada passo no namoro causava e das memórias que seriam revisitadas *a posteriori*. Eu arfava e tremia, buscava e extasiava, lograva e bramia. Quem lê imagina um fauno selvagem pelo bosque em meio a festim de infração do sexto mandamento. Menos, caro leitor e querida leitora, muito menos: eu pensava agora no primeiro beijo. Será que um jovem do mundo líquido tem essa ansiedade acompanhada da conquista vitoriosa? Em mundo de corpos fáceis e vida marital precoce há desejos não saciados e prazeres profundos? O jovem Salomão pós-moderno seria o entediado habitante de um palácio com mil esposas/concubinas à disposição e, exatamente assim, afundado em erotismo *blasé*? Se tivesse sido jovem hoje teria Salomão escrito primeiro o Eclesiastes pessimista do que o "Cântico dos Cânticos" erotizado?

A pornografia escassa da minha geração foi multiplicada ao toque de um botão. A abundância infinita aumenta ou diminui o prazer? Ter passado fome torna as oportunidades de refeição mais intensas? O excesso esvazia o prazer? Complicado saber onde estamos reavaliando nossa vida e em qual momento estou me projetando no outro.

Ao final, a minha geração que escalou a montanha do prazer com sacrifício, sem guias e com pouquíssimo material, encontra no topo todos os jovens que chegaram lá no helicóptero da modernidade. Depois de um tempo, o tédio é o legado de todos. Será que eu os invejo porque eles descobrem sem sacrifício o que nós necessitamos de décadas: que no fim dá tudo no mesmo?

O perfume

Quando li o romance de Patrick Süskind (*O perfume*), tive a sensação de que meu olfato cresceu a ponto de eu perceber mais detalhes de fragrâncias ao final da leitura. O filme não me causou o mesmo impacto, mas o livro virou uma aventura de memórias com cheiros, a clássica evocação sinestésica. Passei muito tempo sentindo ter maior consciência olfativa.

Nariz é um fenômeno cultural. Os homens da corte de Luís xv, lembra o autor citado, fediam como cadáveres. Ninguém parecia se importar com a pestilência nauseabunda de Versalhes. O protagonista malévolo do romance usa da capacidade de um nariz absoluto para explorar afetos e controlar pessoas. Ainda tenho saudades da leitura do texto que evoquei quando visitei lojas de perfumes artesanais em Veneza. Toda essência é um passaporte carimbado para a imaginação.

O livro divertido de divulgação de Katherine Ashenburg, *Passando a limpo – O banho da Roma antiga até hoje*, mostra uma história cultural do banho e dos equipamentos de banheiro. Passar água sobre o corpo diariamente foi, por séculos, hábito desaconselhado por médicos. Era considerado perigoso banhar-se com frequência.

Há povos mais obsessivos pelo banho, outros menos. Nós brasileiros, na média, somos muito ligados ao hábito. Há quase 30 anos, fazendo pesquisa em Sevilha, com calor de 45 graus o dia todo em julho, eu tomava banho ao sair e ao me deitar. A dona da pensão simples onde eu estava perguntou-me se eu tinha uma doença e eu expliquei que sim, que eu sofria de mal atroz, e incurável: "Eu fedo, senhora". Eu sei, para alguns gramáticos, "feder" é defectivo e não se conjuga na primeira pessoa. Da minha parte, considero o verbo que mais precisa da primeira pessoa em toda a língua portuguesa.

O nariz é cultural e cronológico. Perfumes que minha avó e mãe gostaram muito, hoje, provavelmente, seriam considerados doces demais. O excesso de perfume é, atualmente, mais visado do que outrora. Uma colega professora se afogava em uma essência que lembrava melancia um pouco passada. Sua presença era sentida muito antes de ser vista. As gerações atuais parecem preferir cheiros amadeirados ou cítricos.

Aromas têm o dom de serem lembretes silenciosos, discretos, invisíveis e poderosos sempre. Ando pela rua distraído e, de repente, do nada, sou tomado pelo perfume da dama-da-noite e paro para localizar a planta. É o grito-mudo mais notável que eu conheço.

Nariz é cultural, cronológico e, igualmente, social. Cada cheiro indica uma origem na pirâmide de renda. Chá branco com um toque de âmbar: você tem dinheiro há várias gerações. Alfazemas intensas com jasmins marcantes: sua renda é menor.

Perfumes são assinaturas pessoais. Você sente um aroma único, delicioso, inebriante em alguém. Pergunta o nome do perfume, registra e compra. Ao passar em você, descobre que a rara combinação química com sua pele produz algo insuportável.

Cheiros são memórias. Os corredores do colégio São José da minha infância sempre recendiam a pão sendo assado pelas franciscanas. No dia em que enterrei minha mãe, dormi na cama dela abraçado ao travesseiro. Era o único lugar que o cheiro dela ainda existia. Foi uma cerimônia de adeus nasal.

Marcel Proust criou a mais evocativa cena de sinestesia da história literária no romance *Em busca do tempo perdido*, na qual a personagem toma chá de tílias e morde bolinhos madeleine, evocando muitas memórias.

Meus olhos pioram ano a ano. Meu nariz insiste em ficar mais sensível. Os cheiros que eu amo, como a manga ou o café, parecem hoje mais intensos. Os cheiros ruins ficaram mais insuportáveis. O odor mofado com uma "hola" de ácaros é uma pororoca sobre minha rinite. O abraço em alguém inundado de sândalo ou de outro cheiro forte é acompanhado de espirro involuntário, por vezes incontrolável, sobre a vítima perfumada.

A santidade, diz a tradição católica, pode ser acompanhada do aroma de rosas. Rosa tem um cheiro perfeito na flor, porém, retirada a essência da origem vegetal, sempre corre riscos de excesso ou vulgaridade. A santidade poderia ter cheiro de chá branco, um toque de romã, ares de limpeza profunda feita com água e claridade do sol iluminando um aroma só percebido em uma segunda aspirada. O inferno tem o fedor sulfúreo e sua sucursal é um metrô em alguns lugares do exterior, fim de tarde de verão, com povos menos afeitos ao pudor da assepsia.

Bebês são ciclotímicos... em condições usuais de temperatura e pressão têm um cheiro inconfundível e agradável. De repente, uma espremida aqui e outra acolá, um som nefando e o cheiro maravilhoso do infante vira horror absoluto. Como podem ingerir papinhas de maçã perfumadas e expelirem aquilo? Que processos ocorrem naqueles delicados e recém-inaugurados trâmites intestinais com tal poder alquímico? Ato contínuo, a mãe ou o pai zelosos restauram a ordem no caos olfativo, limpam, hidratam, trocam, perfumam e o ser volta a assumir o aroma de um pequeno anjo celeste, sorridente e etéreo.

O mundo tem sons, cores, texturas, gostos e cheiros variados. A maravilhosa máquina do corpo humano distingue infinidades de estímulos e recria cada um a partir de memórias criadas e inventadas. Perfumes bons são estradas de memória. Memórias têm odor. Qual seu odor preferido?

O exercício da humildade

Humildade é virtude louvada por filósofos, teólogos e moralistas. Aparece em elevados tratados e nos conselhos do dia a dia. Há poucas unanimidades no mundo, a necessidade de ser humilde é uma delas.

Pensamos a humildade em conjunto com a vaidade, a soberba, o narciso exaltado. De novo, o universo clama: vaidade atrapalha a estratégia e cria embaraços ao desenvolvimento e progresso profissional e pessoal. Ninguém tolera um pavão com sua cauda exuberante e cromática no escritório ou na família. Não escutam, falam das suas conquistas sem cessar e olham com a arrogância de quem contempla a planície da humanidade do pico do Everest. Sabem tudo e fazem mais do que todos. Você foi até Moscou em viagem com a família? O soberbo fez a Transiberiana. Conheceu Agra e o Taj Mahal? Ele passou um mês no norte do Nepal. Você sofre de terrível enxaqueca? O vaidoso tem um tumor cerebral. Não existe chance: ele é mais no plano real ou fantasioso, na alegria e na tristeza.

Dialogo muito com minha vaidade. Sempre considerei que o orgulho é uma maneira de adestrá-la: por não querer passar vergonha diante dos outros, eu controlo os excessos da minha vontade de me exibir. O que seria isso? Muitos moralistas diriam que devemos ser humildes, tocar o húmus do solo que vivifica. Você não deveria querer impressionar sempre porque isso desvia o foco da virtude e do crescimento da sabedoria. Isso é virtuoso e verdadeiro. Porém, eu dou conselho mais profano: evite exibir todas as qualidades ou mostrar-se muito bom em muitas áreas. Por quê? Porque ninguém é muito bom em muitas coisas e a exibição produz um ídolo de pés de barro e pode fazer ruir a imagem que a empáfia pretende. Em outras palavras, ser vaidoso a ponto de controlar sua vaidade para que ela não seja arranhada pelas suas lacunas ou pelo ódio do grupo. Vaidade é estratégia contra soberba, afinal, como garante o Eclesiastes, nada existe fora dela: "Vaidade das vaidades, tudo é vaidade".

Os deuses gregos puniam vaidosos como Aracne, que concorreu com Palas Atena e foi castigada virando aranha. A orgulhosa Níobe ousou proclamar que gerara mais filhos do que Leto. Erro fatal: a divina mãe mandou seus dois filhos matarem a flechadas os rebentos da imprudente. Todavia, os deuses têm vaga misericórdia e a mãe inconsolável foi transformada em rocha que ainda verte lágrimas na forma de cascata.

No livro do profeta Samuel, surge uma figura vaidosíssima: Absalão, filho do rei Davi. O jovem, apesar de o nome significar "meu pai é paz", vivia às turras com o progenitor. Absalão era o mais lindo de todos os homens e não havia defeito nele da cabeça aos pés. O ponto central do narciso do príncipe? Seu cabelo. Quando ele o cortava para evitar o excesso de peso, o total atingia duzentos siclos, algo próximo a três quilos. Isso é muito? Não sei, minha área não envolve densos conhecimentos capilares.

Pelo cabelo orgulhou-se e pelo cabelo morreu o irmão de Salomão. Fugindo em meio a sua rebelião contra o rei seu pai, sua afamada cabeleira embaraçou-se em um galho de carvalho e ali foi alvejado. O peixe morre pela boca e Absalão pereceu pelo cabelo.

Já vimos que exaltar-se irrita seres celestes e terrenos. Socialmente convivemos mal com a vaidade alheia porque fere a nossa. Nada mais insuportável do que esse espelho. Nunca conheci uma pessoa verdadeiramente humilde, todavia, claro, há escalas enormes entre quem controla e quem não controla sua vaidade.

Uma pessoa realmente humilde talvez tenha obstáculos para o sucesso, contrariando a sabedoria popular. Homens de liderança, como Churchill e Napoleão, eram, segundo renomados biógrafos, vaidosos de forma quase doentia. Mesmo assim, negociaram muitas vezes com outros e com as circunstâncias. A chave do sucesso do inglês foi ter mudado muito desde a Primeira Guerra até sua atuação como primeiro-ministro na Segunda. Napoleão lidava com feridas narcísicas (ou espinhos na carne, como diria Paulo de Tarso): era baixo, de nobreza duvidosíssima e um "estrangeiro". Napoleão tinha muita segurança para negociar com famílias seculares como a do czar ou do imperador austríaco. Como encarar o nariz empinado de casas reais históricas? Quase sempre baseado em uma profunda e densa vaidade.

Segredo de polichinelo: você não pode exibir sua vaidade e não pode prescindir dela. Você precisa controlá-la. Querem uma aula de estratégia sobre a vaidade? Jesus a dá em Lucas 14. Quando chegar a uma festa, não se sente à cabeceira da mesa porque o dono pode pedir para você ir para um lugar menos destacado. Escolha o lugar menos honroso para que o dono vendo você lá no fundo diga que avance. O que é isso senão usar da retórica humilde para conseguir um efeito cenográfico de engrandecimento? Bem-aventurados os humildes que conseguem ocultar a sua imensa vaidade sob o manto do orgulho estratégico.

PARTE DOIS
O tempo e a História

O Aleph e o hipopótamo

O tempo é uma grandeza física. Está por todos os lados e em todos os recônditos de nossas vidas. Dizemos que temos tempo de sobra para algumas coisas ou, às vezes, que não temos tempo para nada. Há dias em que o tempo não passa, anda devagar, como se os ponteiros do relógio (alguém ainda usa modelo analógico?) parecessem pesados. Arrastam-se como se houvesse bolas de ferro em suas engrenagens. Tal é o tempo da sala de espera para ser atendido no dentista ou pelo gerente do banco, por exemplo.

Em compensação, há o tempo que corre, voa, falta. Em nosso mundo pautado pelo estresse, por mais compromissos que a agenda comporte, a sensação de que a areia escorre mais rápido pela ampulheta é familiar e amarga. O tempo escasseia e os mesmos exatos 60 minutos que a física diz que uma hora contém viram uma fração ínfima do tempo de que precisamos.

Vivemos um presente fugidio. Mal falei, mal agi e o que acabei de fazer virou passado, parafraseando o genial historiador Marc Bloch. É comum querermos que o presente dure mais, se estique, para que uma faísca de felicidade pudesse viver alguns momentos mais longos.

Se o presente é esse instante impossível de ser estendido, o passado parece um universo em franca expansão. Quanto mais envelhecemos, como indivíduos e como espécie, mais passado existe, mais parece que devemos nos lembrar, não nos esquecer. Criamos estantes com memorabilia, pastas de computador lotadas de fotos, estocamos papéis e contas já pagas, documentos. Criamos museus, parques, tombamos construções, fazemos estátuas e mostras sobre o passado.

E o futuro? Como nos projetamos nesse tempo que ainda não existe... "Pode deixar que amanhã eu entrego tudo o que falta", "Semana que vem nos encontramos, está combinado", "Apenas um mês e... férias!", "Daqui a um ano eu me preocupo com isso". Um cotidiano voltado para um tempo incerto, mas que arquitetamos como algo sólido. E tudo o que é sólido se desmancha no ar, não é mesmo? Ah, se pudéssemos ao menos ver o tempo, senti-lo nas mãos, calculá-lo de fato!

Jorge Luis Borges imaginou um ponto a partir do qual pudéssemos ver tudo o que já ocorreu ou ocorrerá, todas as coisas possíveis a partir de um único lugar: o Aleph, a primeira letra do sagrado alfabeto hebraico. Ele o imaginou no porão de uma casa a ser demolida no centro de Buenos Aires. O que seria de nós se pudéssemos ver tudo, ao mesmo tempo, em uma pequena esfera furta-cor de dois ou três centímetros de diâmetro?

Nosso Machado fez Brás Cubas delirar sobrevoando todas as mazelas humanas em lombo de hipopótamo. O Aleph do

Cosme Velho era assim: "Imagina tu, leitor, uma redução dos séculos, e um desfilar de todos eles, as raças todas, todas as paixões, o tumulto dos impérios, a guerra dos apetites e dos ódios, a destruição recíproca dos seres e das cousas. Tal era o espetáculo, acerbo e curioso espetáculo. A história do homem e da Terra tinha assim uma intensidade que lhe não podiam dar nem a imaginação nem a ciência, porque a ciência é mais lenta e a imaginação mais vaga, enquanto que o que eu ali via era a condensação viva de todos os tempos. Para descrevê-la seria preciso fixar o relâmpago".

Saber sobre tudo que possa vir a ocorrer é um grande desejo. Ele anima as filas em videntes e debates sobre as centúrias de Nostradamus. Infelizmente, pela sua natureza e deficiência, toda profecia deve ser vaga. "Vejo uma viagem no seu futuro", afirma a mística intérprete das cartas. Jamais poderia ser: no dia 14 de março de 2023, às 17h12, você estará no largo do Boticário, no Rio de Janeiro, lendo o conto "A cartomante", de Machado de Assis. Claro que mesmo uma predição detalhada seria problemática, pois, dela sabendo, eu poderia dispor as coisas de forma que acontecessem como anunciado.

Entender o passado em toda a sua vastidão e complexidade, perceber o quanto ele ainda é presente, é o sonho de todos os historiadores, desejo maior de todos os que lotam os consultórios de psicólogos e psicanalistas. Borges e Machado concordam: mesmo vendo tudo, não conseguimos contar tudo o que vimos. Ao narrar o que vi e vivi, dependo da memória. Aquilo de que nos lembramos ou nos esquecemos nem sempre depende de nossa vontade ou escolha. Quando digo: quero me esquecer disso ou daquilo, efetivamente estou me lembrando da situação. Alguns eventos são tão traumáticos que, como esquadrinhou Freud um século atrás, são bloqueados pela memória. Escamoteados pelo trauma, ficam ali condicionando nossas ações e não ações no presente.

Além dos problemas dos limites da memória, há, igualmente, os limites da narrativa. Ao contar algo a alguém, seleciono o que vou contar, tenho que achar um jeito de dizer ou escrever. A linguagem é mais linear do que esférica. É menos Aleph. O hipopótamo de Brás Cubas faz um curto voo de galinha comparado com o total possível.

* * *

Eu não inventei essa preocupação com o tempo. Ela existe desde sempre. Os primeiros relatos religiosos dos povos antigos quase sempre se preocupavam com o início de tudo. Como surgimos, de onde viemos, quem ou o que nos criou? Perguntas comuns a tantas crenças e até mesmo a filosofias distintas mundo afora. Acompanhados da angústia para entender o passado, nossos antepassados pensaram: se houve um início dos tempos, talvez haja um fim para eles. E o receio, medo ou pavor do fim dos tempos acompanhou muitas crenças até os dias de hoje.

Santo Agostinho tratou de questões similares no livro 11 das *Confissões*. O bispo faz perguntas interessantes, como o que faria Deus antes da Criação, ou seja, antes do começo do tempo? Afinal, se tudo é criação divina, o tempo também foi criado, não é mesmo? Com o que se ocupava o Todo-Poderoso quando nada existia antes dele? Pacientemente, o autor desenvolve a noção de um Deus que não está no tempo nem submetido a ele. Para os humanos, Agostinho fala de uma percepção psicológica do tempo, de um presente contínuo, ainda que existam e possam ser medidos o passado e o futuro.

Vamos acompanhar o bispo de Hipona mais de perto. Se apenas existisse o presente, isso seria a eternidade. Um instante que durasse para sempre deixaria de ser um presente. Com isso, não haveria nem futuro, nem passado. Logo, nem sequer haveria tempo. Nesse caso, extremo mesmo só Deus, que está fora do tempo. Nós somos seres no tempo. Portanto, o presente sempre será o único momento em que vivemos e sempre será fugidio. Apesar de o pretérito e de o devir poderem ser medidos e expressos, vivemos sempre no presente. Ainda assim, a trilogia passado-presente-futuro é considerada imprecisa para o doutor da Igreja. O africano sugere que exista o presente das coisas passadas, o presente das presentes e o presente das futuras.

Se você sentiu dificuldade em acompanhar o raciocínio do filho de Santa Mônica, é porque estamos presos a uma concepção de tempo linear e progressiva. Leve em conta que qualquer obscuridade nasce da deficiência da minha explicação e não do autor das *Confissões*. Nós pensamos em antes, agora, depois. Nossa ideia de tempo é marcada pelo tempo que passou (horas, anos) e pelo que estamos agora, nessa altura do texto. O resto da crônica está no futuro que será revelado em momento adequado. Agostinho disse que o passado é presente porque ele só faz sentido quando o trazemos à memória. E a memória vive no presente. O futuro, por sua vez, só pode existir como antecipação no presente, quando o imaginamos bem aqui e agora. O exemplo que o filósofo nos deu foi o de entoar uma canção conhecida. Enquanto cantarolamos um verso no presente, nosso cérebro já antecipa o próximo, preparando o canto que virá. Ou seja, antecipamos o futuro.

A percepção do calendário marca a própria imaginação sobre o tempo. Como eu posso supor uma máquina do tempo se os fatos do passado, por exemplo, já ocorreram? Toda maneira de criar uma área de conhecimento como a História é um exercício de reconstituição provável, verossímil, visível e mais acurada de algo que não existe mais. Os exercícios artísticos como o cinema, pinturas e romances históricos são ainda mais livres e menos dotados de verossimilhança. Em termos agostinianos, um filme histórico é um exercício imaginativo do presente das coisas que vejo sobre o presente das coisas que não mais contemplo. Mesmo assim, o texto das *Confissões* parte da noção de um ser consciente fora da marcação do tempo. A marcação do nosso tempo fica clara pela consciência divina alheia e externa a ela. Usando em outro sentido a expressão spinoziana, *sub especie aeternitatis*, sob o ponto de vista da eternidade, ponto que eu, humano, jamais terei por ser finito.

O tempo também pode ser visto como cíclico, como os calendários agrários dependentes das estações. A ideia de criação entre os maias descrita na obra *Popol-Vuh* implica várias tentativas e erros de homens imperfeitos. A Pedra do Sol (calendário asteca), redescoberta no fim do século XVIII e hoje fulgurando no Museu Nacional de Antropologia da Cidade do México, fala de eras que terminam em desastres e de mundos reiniciados e mantidos pelo sacrifício. Toda cosmogonia que a Pedra traz implica uma noção de tempo ligada a morais e demandas de atitudes.

O historiador Le Goff fala do tempo do mercador e o tempo da Igreja, o tempo do relógio e o marcado pelos salmos e liturgia de horas. A Bíblia, em célebre passagem, fala do tempo adequado para todas as coisas (Eclesiastes 3). O texto de Salomão é sempre uma boa meditação.

Meu desejo era salientar que tempo e medida de tempo são coisas diferentes e, geralmente, percebidas como únicas; que existem muitas concepções de tempo; que existe um desejo intenso de prever e controlar o que supomos estar à frente e que a ideia de eternidade e de uma consciência eterna fora do tempo é uma das marcas da nossa cultura. Não existe um Aleph de verdade e os hipopótamos que conduzem ao tempo anterior a tudo estão ficando cada vez mais escassos. Complicado? Ora, dá um tempo! Ou tire um tempo para si. Tempo é o grande valor da vida.

A eleição de George Washington

O sistema eleitoral dos Estados Unidos tem características únicas e complexas. A ideia matemática simples – quem obtiver mais votos leva o cargo – fica muito matizada quando se estuda a legislação daquele país. Depois de escrever bastante sobre os EUA, ser professor de História da América há quase 30 anos e ter buscado muita bibliografia sobre como funciona a eleição lá, posso afirmar, com cristalina humildade, que dirimi algumas dúvidas e carrego comigo outras tantas não esclarecidas. Estudar é sempre ampliar a noção do desconhecido.

Quatro de fevereiro é o aniversário da eleição do primeiro presidente dos EUA (1789), George Washington, duas vezes indicado para o cargo por unanimidade.

Voltemos um pouco no tempo. A independência tinha sido proclamada em 4 de julho de 1776. Ainda antes do documento de rebeldia, já tinha se iniciado um conflito armado. No rigoroso inverno de 1776-1777, o general Washington estava desanimado no vale Forge (norte da Filadélfia). Atacados de fora pelo poderoso Exército britânico e de dentro por políticos do seu jovem país, ele e seus comandados atendiam pelo solene nome de Exército Continental, porém era um grupo de, talvez, 11 mil colonos-soldados no vale, com pouca comida, praticamente nenhum uniforme, despreparado, tomado por doenças e distante da possibilidade de vitória.

Há uma história consagrada *a posteriori*. No momento do desespero, George Washington ajoelhou-se e fez uma oração. Certamente a metáfora do salmo 23, "ainda que eu ande no vale da sombra da morte", deveria ser viva na ocasião. Há quem conteste a veracidade da narração. Tornar o pai fundador da pátria um homem religioso que busca auxílio do Deus dos Exércitos antes da batalha era tentador demais para os homens posteriores ao Iluminismo. Em 1866, o artista John McRae criou a imagem que consagraria a cena desejada. Para fins de cálculo, era fundamental que o general buscasse amparo em Deus.

O vale Forge foi uma virada. As coisas começaram a mudar a partir do verão de 1778. O barão prussiano Von Steuben colaborou no treinamento das forças antibritânicas e ajudou a tornar aquela tropa um corpo organizado. A aliança com a França começaria a dar resultados práticos e, em outubro de 1781, as forças britânicas renderam-se ao general Washington em Yorktown, na Virgínia. Nova York havia sido incendiada, brutalidades sem fim tinham sido impetradas, porém a vitória foi alcançada. Os ideais proclamados em 4 de julho de 1776 tiveram de ser garantidos no campo de batalha. A primeira independência das Américas seria seguida de debate sobre uma nova constituição e um conjunto de emendas que personificariam a liberdade individual dos estadunidenses: a *Bill of Rights*.

Washington pretendia aposentar-se. Lutava desde as guerras coloniais entre franceses e ingleses e seus respectivos aliados indígenas. Era um militar e fazendeiro, duas funções que pouco o inclinavam aos exaustivos debates políticos que a nova situação provocava. O homem que sofria com seus dentes postiços (que misturavam arames e peças de animais com algodão) desejava sua fazenda. Tinha dificuldade em mentir. Um episódio com mais chances de veracidade do que a oração do vale conta que ele, por acidente, cortou uma jovem e promissora cerejeira que o pai plantara com carinho. Inquirido com dureza, disse que era incapaz de não dizer a verdade e assumiu a culpa. O pai criticou o desleixo com o machado e elogiou a retidão moral. George Washington não mentia. Como poderia fazer parte do delicado mundo político na capital, Nova York?

O vitorioso de 1781 era o nome mais cotado para a presidência. Foi difícil convencê-lo. Em carta a um amigo, afirmava aceitar o cargo, mas que isso era uma despedida da ideia de felicidade pessoal. Washington, ao que tudo indica, não desejava a função, algo bem pouco comum entre os sucessores.

Uma pátria é construída por duas categorias por vezes complementares e por vezes opostas. A primeira é a dos idealizadores capazes de indicar horizontes. De muitas formas, os EUA foram pensados pelos signatários do documento de 4 de julho de 1776, da Declaração de Independência. Eram variados. Oito deles não tinham nascido nas colônias. O mais jovem, Edward Rutledge, tinha 26 anos. O mais idoso, Benjamin Franklin, passava dos 70, idade avançada para o século XVIII. O intelectual Franklin era um homem sábio e de palavras moderadas. Seu colega John Hancock era o que se chamaria *flamboyant*, mais espalhafatoso. Ao assinar o documento de independência, Hancock fez de forma tão expansiva (para o rei George III poder ler, teria dito) que, até hoje, em inglês, seu nome está associado a assinaturas extravagantes. Esse era o grupo de homens que inventavam um novo conceito: uma independência colonial.

Os segundos formadores de pátria são da categoria de Washington. Apesar de ter biblioteca, o primeiro presidente não era um intelectual. Era um fazendeiro, um militar, um homem prático. Alguns dos teóricos de 1776 viraram presidentes, como John Adams e Thomas Jefferson, mas o usual é a separação entre criadores e executores.

Há mais de dois séculos, ao elegerem George Washington, os norte-americanos iniciavam um processo que garantiria mais de dois séculos sem golpes de Estado. Poucos países forjaram um quadro político tão sólido que sobreviveu bem ao tempo, superando provas como quatro assassinatos e uma renúncia. Há coisas a aprender com Washington e coisas a evitar. Em todo jogo, temos sempre um lado ideal e um lado *House of Cards*. Suspiro por um país no qual as instituições sejam maiores do que as pessoas e as leis abandonem o casuísmo.

As surpresas da prisioneira 29700

Sou amigo de Thereza e Gustavo Halbreich há anos. O casal convidou-me algumas vezes para jantares, inclusive celebrações do Rosh Hashaná (Ano-Novo judaico) e do Pessach (Páscoa judaica). Anfitriões maravilhosos, tenho lindas memórias de tocar piano na casa deles e conversar sobre temas variados.

Graças a essa amizade que prezo muito, também tive contato com dona Eugênia, mãe do Gustavo. Ela me encantou desde o começo. Queria falar um pouco do que ouvi dela e do filho sobre a aventura da vida.

Apresento-lhes dona Eugênia: sotaque forte, olhar carinhoso, otimista sempre, sociável, incapaz de ouvir um não diante da recusa da décima porção de *gefilte fish*, servida acompanhada de histórias sobre carpas em banheiras na Polônia.

Dona Eugênia nasceu em Cracóvia, no dia 20 de setembro de 1919. Casou-se em janeiro de 1939. A Segunda Guerra despontava no horizonte. Mulher lúcida, foi testemunha da ascensão da barbárie nazista. Em 1941, foi para a Rússia, fugindo dos assassinatos e execuções na sua terra natal. No país vizinho, recebia as notícias angustiantes sobre seus pais e parentes, encarcerados em condições degradantes no gueto de Cracóvia. Tomou a decisão ousada e quase mortal de retornar para a Polônia para amparar a família.

Não preciso fazer uma narrativa demorada sobre as condições do gueto. Todos conhecem o nível de desumanidade atingido naqueles espaços. Alguns parentes dela eram socialistas e o nazismo tinha um duplo ódio contra judeus de esquerda. Foram removidos para Auschwitz. Dona Eugênia recebeu no braço o número 29700. Os pais dela foram executados: ele com uma injeção de benzina e a avó de Gustavo na câmara de gás. Os irmãos tiveram destinos variados, dois foram enforcados por terem participado da resistência antinazista e outra parte da família partiu para construir Israel.

Quando os campos começaram a ser abandonados pela proximidade do Exército soviético, a jovem Eugênia conseguiu evitar a "marcha da morte", embrenhando-se em um buraco gelado e ali ficando dois dias em silêncio, esperando tudo passar. Foi encontrada por russos. Ao fim da guerra, um fato extraordinário: reencontrou seu marido Jakub Halbreich.

A Polônia socialista não se revelara o paraíso prometido. Ao denunciar desvios de verbas na reconstrução do país, foi ameaçada de novo. Fugiu para a Suécia e veio para o Brasil.

Houve três coisas extraordinárias na minha relação com dona Eugênia. A primeira é que eu queria ouvir muito o que tinha a dizer, porque era uma memória viva e pulsante do que ocorrera no Terceiro Reich. Ela havia passado por tudo e continuava leve, otimista, feliz e cheia de bondade no olhar. Não fora contaminada pelo horror que tinha presenciado. Ter sobrevivido em meio a tanta violência reforçara nela o amor à vida e a crença na humanidade. Foi uma experiência linda ouvi-la sobre como as coisas eram boas no novo mundo e como ela amou a terra brasileira. O coração de dona Eugênia não foi tomado pelo justo rancor de quem desceu ao mais terrível que a humanidade foi capaz. Essa foi a primeira coisa que aprendi com ela. Ela sobreviveu e decidiu abraçar a vida, mesmo tendo motivos inatacáveis para ser amarga.

A segunda coisa foi um pequeno acidente de fala. Uma noite comentei que existia um grupo que negava a existência do Holocausto. Mostrei indignação viva, todavia supus que ela já soubesse. Ela não apenas desconhecia como não entendeu minha fala. Repeti, achando que era a língua original dela que a traía na compreensão. Dei nomes e livros e falei como nós, historiadores profissionais, combatemos esse gigantesco esforço antissemita e de ataque à memória real e documentada do Holocausto. Ela continuou fazendo cara de quem não estava acompanhando meu raciocínio. Só então veio a luz ao meu entendimento: uma mulher que esteve lá, no olho do furacão do genocídio, não entenderia que alguém pudesse dizer que aquilo não existiu. Ela não falava de uma opção estética ou um gosto culinário, mas da vida como ela a compreendia. Seria como eu dizer a você, querida leitora e estimado leitor, que seus pais não existem, são uma ficção... Dona Eugênia não compreendia o negacionismo do Holocausto. Não poderia. Era tão irracional que excedia mesmo sua mente atilada. Foi a segunda coisa extraordinária.

A terceira foi a mais tocante. Trabalhando e viajando demais, tive de recusar muitos convites para a casa dos Halbreich. Estive um pouco afastado dos amigos queridos e, um dia, estava com um grupo no Museu do Holocausto, em Israel. Não era a primeira vez e eu já estava preparado para o impacto daquela memória do Yad Vashem. Passei pelas salas e tive a mesma experiência impactante da visão final ao sair do museu: as colinas de Israel, a sobrevivência dos nomes que o nacional-socialismo tinha tentado obliterar. Andando pelo caminho, topo com uma pedra escrita em hebraico e línguas ocidentais com o nome de dona Eugênia. Era uma estela votiva pela memória dela, colocada pelo Gustavo. Eu não sabia que ela havia falecido e chorei ali, naquele jardim.

O Holocausto é relembrado no dia 27 de janeiro. A data relembra a libertação de Auschwitz-Birkenau. A cicatriz ainda é funda. A mulher que tentei descrever morreu em 10 de fevereiro de 2010. Que nunca esqueçamos, que nunca se repita, que dona Eugênia viva para sempre. A soma do número de prisioneira 29700 dá 18, na tradição hebraica, a vida (*"chai"*). Viva a vida!

As rugas dos hippies

O ano de 1968 deve ter sido extraordinário. Como 1789 ou 1848, criou uma geração, uma identidade, uma carga simbólica. Quando vivenciamos a aceleração do ritmo da história na juventude (outra maneira de falar em revoluções) tendemos a considerar a posteridade mais entediante. A perda daquela energia coletiva que marcou a data é somada ao colapso da nossa própria força vital e tendemos a edulcorar a narrativa do passado.

1968, como foi dito por muitos, é o ano que não termina. Seus desmembramentos foram inúmeros. A geração hippie o marcou com seu senso crítico, discurso antiguerra e anarquismo comportamental.

Reflita comigo, querida leitora e estimado leitor: alguém que estivesse na flor dos seus 20 anos em maio de 1968, se vivo, seria um respeitável septuagenário. São senhores e senhoras que podem passar à frente na fila do avião e viajar de graça em ônibus. O sonho talvez tenha acabado ou não; o certo é que envelheceu.

Não é fácil escapar da idealização da juventude. O indivíduo que lutou por alguma causa em 1968 deve olhar para o mundo contemporâneo com certa desconfiança. Naqueles dias havia o ativismo de rua e não de sofá com conexão 4G. Os festivais ocorriam entre lama e utopias, sem o contorno asséptico e comercial dos atuais. A rebeldia era artesanal e não comprada em lojas. Os inimigos eram claros: o governo Nixon e a Guerra do Vietnã, De Gaulle e a política universitária e operária na França, ou os militares brasileiros e o AI-5. Os contornos do bem e do mal não implicavam zonas cinzentas ou formas de plasma.

Para muitos jovens, o mundo do final de 1960 era uma aurora grávida de anseios libertadores. Havia uma luta contra a opressão nos *campi* dos EUA, nas praças de Praga, na rua Maria Antônia em São Paulo e até na Revolução Cultural na China. Era rara a consciência que os jovens chineses estavam manipulados pela tirania de um dos piores genocidas da história, Mao. Não seria possível supor que, alguns daqueles próceres que militavam em movimentos de esquerda, uma vez adultos e no poder, estariam envolvidos em escândalos, desmandos e autoritarismos. Os atores, em 1968, tinham papéis claros e definidos e o lado correto estava, óbvio, do lado da consciência da Nova Era.

Os arautos do novo mundo envelheceram. Alguns atingiram posições de poder. Muitos tiveram de enfrentar a grande luta da vida comezinha: contas, filhos, escolas, reuniões, chefes, ceias em família e declínio físico. A vida seguiu, indiferente aos cabelos longos e a Woodstock. O tempo, aquele que o padre Vieira advertia ser capaz de devorar colunas de mármore e corações de cera, moldou tudo em uma pasta cada vez mais amorfa.

Sim, escrevo aqui sobre os sonhos que crescem, as utopias que envelhecem e os hippies que criam rugas. A nosso modo, cada um de uma forma, todos vivenciamos o aumento dos "imperativos categóricos" da vida. Nossas biografias tendem à matéria concreta e às "questões práticas". Aumenta o espaço do feijão e diminui o do sonho. Quando não pagávamos as contas ou não tínhamos alguém para sustentar, o mundo era mais fácil de ser moldado ao modelo do igualitarismo e da crença na justiça.

Parece que nossa tradição romântica gosta de polos e ajeita-se bem a quadros precisos. A distância entre a região ártica e antártica, em política, é um pouco menor do que aparece. Teria sido bom a todo militante de 1968 perceber que seu sonho comportava anseio de poder e de controle sobre os outros. Por detrás do amplo manto da liberdade, escondiam-se alguns tiranetes.

Filmes como *Aquarius* (Kleber Mendonça Filho, 2016) e *Como nossos pais* (Laís Bodanzky, 2017) tratam dos hippies que chegam à terceira idade. Alguns conservam, no escaninho da memória, a zona de proteção de "não ter sido" ou "não ser" alguém "careta". Outros apenas rejeitam o mundo atual de forma veemente, embora pertençam a esse mundo e nele lutem pela sobrevivência. A memória do passado fornece o escafandro para descer aos abismos do esquecimento que a idade vai impondo.

Nenhum de nós resolve bem a equação fundamental de enfrentar um fim mais visível agora ao som de Anitta fazendo as vezes de Violeta Parra.

O envelhecimento de toda esperança é necessário e até útil. O entusiasmo deve bater suas ondas nas rochas do real.

O mundo concreto muda com isso. Como a onda se desfaz sem ter visto o mínimo efeito de erosão que provoca no mundo sólido, nenhum sonhador percebe que trouxe algo ao seu tempo. A consciência da onda volátil da juventude ajudaria a manter algum viço na senectude. A certeza de que o mundo é mais fácil de ser transformado na prancheta do hóspede do que na do proprietário traria alguma humildade ao jovem. O sonho faz bem à rocha. A ruga ajuda a onda. Depois, rocha e onda se desfazem em vapor e areia. Entre uma coisa e outra existe nossa existência.

Fleuma coroada

Hipócrates e Galeno supunham a existência de quatro "humores" no corpo humano. Haveria sangue, bílis amarela, bílis negra e fleuma. O desequilíbrio do quarteto causaria as doenças. Cabia ao médico, com punções e sangrias, restabelecer a harmonia. A teoria dos humores valeu por séculos e também explicava as diferenças de comportamentos entre as pessoas. O predomínio de um dos elementos implicaria a personalidade do portador, como um colérico ou um melancólico.

O tipo fleumático é o meu preferido. Por possuir boas doses do referido humor frio, tende à calma. A palavra foi incorporada ao vocabulário mesmo que

Hipócrates só sobreviva como forma anacrônica nos juramentos de esculápios. O ser humano fleumático é quase um tipo filosófico. Abala-se pouco, evita excessos e arroubos, não grita nem chora em público, mantém a linearidade e o tom plano sempre. Essa descrição acabou sendo associada, por tradição, aos ingleses.

Toda identidade nacional dialoga com a representação do que imaginamos ser e de quem gostaríamos de nos diferenciar. Assim surge a bonomia associada aos brasileiros ou a fleuma aos britânicos. Diga-se sempre: a construção do império controlado por Londres foi pouco fleumática. As violências extremas na repressão a indianos ou a africanos, os racismos absurdos, o bombardeio de cidades pela Marinha britânica sempre desmentiram a autoproclamada imagem de equilíbrio. Ainda assim permanece a construção: ingleses seriam menos passionais do que os latinos.

Admiro o tom geral das relações nas ilhas britânicas. Eficácia sem exaltação e simpatia sem proximidade excessiva. Um sorriso médio e uma gestualidade que indicam: eu sou eu, tenho uma função e um limite; o senhor é o senhor, tem outra função e outro limite e nosso contato durará pouco. Há normas e elas guiam nosso mundo e garantem certa impessoalidade que evita constrangimentos e excessos. Nada de tocar ou abraçar estranhos, nada de demonstrações exaltadas. O humor anglo-saxão (distinto da nossa chalaça) parece ser a única ponte para sair alguns centímetros da fleuma circunstante.

Quase tudo aquilo que provoca o amor e até alguma crítica sobre a soberana do Reino Unido tem a fleuma na raiz. A rainha Vitória completou bodas de diamante no trono, em 1897. Faleceu 4 anos depois. Sua trineta parece que vai provocar uma necessidade de batizar aniversários e bodas com novos nomes. Quase todas as listas param em bodas de carvalho. Sua Majestade é um monumento longevo ao caráter idealizado dos insulares. Sorridente sem mostrar demais os dentes, comedida, com sua indefectível bolsa. Jamais parece ter sido flagrada eructando ou cutucando o régio nariz.

Interessante: ancestrais diretos de Elizabeth II, os soberanos de origem continental, eram tão famosos pelos ataques coléricos que surgiu a expressão "fúria angevina". Os governantes medievais da Inglaterra e de boa parte da França atiravam-se ao chão, uivavam, rasgavam roupas e gritavam com tal ímpeto que todos se afastavam com medo do monarca em ebulição descontrolada. Difícil supor que isso esteja no código genético da atual soberana da casa de Windsor.

Elizabeth II teve um pai, Jorge VI, bastante controlado e algo tímido pela gagueira. Também teve um avô hierático e sisudo, Jorge V. Sua trisavó Vitória tinha fama (nem sempre exata) de pudica e moralista. Porém, a mais longeva soberana do trono inglês também dialoga com os genes de seu tio impulsivo (Eduardo VIII), seu bisavô *playboy* (Eduardo VII), seu ancestral insano (Jorge III) e com uma árvore genealógica povoada de guerreiros como Guilherme, o Conquistador, e Henrique V. Na parentalha real, temos James I, famoso pelo pouco apego à higiene pessoal e muito apego aos homens. Existem centralizadores autoritários como Carlos I, que acabou decapitado. Henrique VIII deu seu quinhão genético e ficou famoso pelas seis esposas e pela brutalidade política. Haveria um esgar ao menos no rosto da atual Majestade que remetesse a Ricardo III, o corcunda imortalizado por Shakespeare? Isso sem passar pela corpulenta parentela alemã que, de ducados inexpressivos a oeste do Reno, vivia entre batatas e intrigas.

A rainha da Inglaterra, como quase todos os soberanos, não teve formação exemplar. Usa o inglês de forma clara e com muitas palavras de origem latina, um distintivo social. Isso ocorre em qualquer idioma, mas o vocabulário latino em inglês denuncia sua renda, sua origem escolar e sua posição na cadeia alimentar. Elizabeth fala de forma pausada, olha pouco para o interlocutor, denunciando alguma timidez e a consciência de um papel que lhe tocou quase por acidente. Ela parece ter sido bem talhada pelo professor do filme *My Fair Lady* (George Cukor, 1964).

Talvez a calma não seja o tijolo perfeito para construir a personalidade fascinante. É possível que levar Sua Majestade para uma região deserta não garanta companhia extraordinária. Seria a companhia de Sua Majestade uma variante que o veneno de Nelson Rodrigues atribuiu aos paulistas: uma forma extremada de solidão? Não sabemos, de verdade, quem é Elizabeth II. Talvez ninguém saiba, nem ela mesma, como uma atriz que fez o mesmo papel a vida inteira e confunde sua personagem consigo. Sabemos pouco e, no máximo, espiamos por séries como *The Crown*. É evidente que a tranquilidade metódica ajuda na longevidade. Ela diria: *"Indeed"*? Será que eu amo a fleuma britânica ou odeio a passionalidade tupiniquim?

Aprender e esquecer

Charles Talleyrand (1754-1838) é uma figura única na política francesa. Príncipe-estadista, serviu a governantes distintos, tornando a arte da sobrevivência política algo a fazer inveja aos políticos aqui do Brasil. Seu defeito físico no pé o afastou do serviço militar e o inclinou à carreira eclesiástica. Na Revolução Francesa, vendo que os ventos anticlericais aumentavam, apoiou a Constituição Civil do Clero e foi excomungado. Com a radicalização pós-1789, foi para os Estados Unidos respirar novos ares e manter a cabeça. Na volta, serviu ao Consulado e conseguiu ingressar no novo mundo napoleônico. Ministro dos Negócios Estrangeiros do Imperador, acabou ficando contra o Corso e organizou a oposição ao ex-chefe. Continuou importante no governo dos Bourbons restaurados. Paradoxo aparente da política, o homem que havia estado no início da revolução e apoiado Napoleão era agora o representante francês no Congresso de Viena, cujo objetivo era apagar o fogo da revolução e a obra de Napoleão. No fim, quando os Bourbons foram derrubados, em 1830, o camaleão acusado de cinismo, Talleyrand, estava lá, ao lado do novo governo da casa de Orleans.

O estimado leitor e a querida leitora identificaram na sintética trajetória que esbocei alguma semelhança vaga com nossa política tupiniquim? Talleyrand sempre afirmava que servia à França, e não a governos. Tenho a desconfiança de que sempre serviu a ele, ao benefício da sua fortuna (foi acusado de corrupto mais de uma vez) e a seu poder, nunca a governos ou aos franceses.

O príncipe que sempre soube sobreviver politicamente era inteligente. Sim, todos precisamos saber que caráter e inteligência não são antípodas necessários. Observando a volta dos Bourbons ao poder em 1814-1815, Talleyrand viu como os irmãos do rei decapitado perseguiam furiosamente quem tinha atacado o Antigo Regime e como ignoravam o novo mundo trazido pelo trio ideal "liberdade, igualdade e fraternidade". Analista preciso da falta de tato político e dos riscos dela (no que estava correto), teria dito que a família reinante "não aprendeu nada, não esqueceu nada". O "não aprendeu" refere-se à não percepção do novo momento e das emergentes forças sociais e políticas em ação. O "não esqueceu" era uma indicação da falta de cooptação política e de capacidade de certa amnésia que a política implica. Sim, ontem você cortou a cabeça do meu irmão, mas hoje estou no jardim da sua casa apertando sua mão, pois o momento é outro...

Talleyrand tinha razão. Por não aprenderem e não esquecerem o que deveriam, os Bourbons foram derrubados novamente, em 1830. O príncipe claudicante deveria ter pensado nas jornadas revolucionárias daquele ano: "Eu sobrevivi a Luís XVI, sobrevivi a Robespierre, ao Consulado, a Napoleão, a Luís XVIII, a Carlos X e pretendo me aliar aos novos governantes!". Talleyrand tinha razão: quem não dobra a espinha e se mostra maleável tem pouco futuro na política como a conhecemos até hoje. Ele era prático, porém não estava correto.

O ex-religioso acertou: se o seu objetivo é unicamente sobreviver, vale a mesma regra darwinista básica – quanto mais capaz de se adequar a qualquer ambiente, mais a espécie terá esperanças de ultrapassar barreiras. Se o político pretende quatro mandatos, dois ministérios e oito emendas orçamentárias, cumpre o modelo dos pequenos ratos mamíferos e não dos imponentes dinossauros.

Quando cair o meteoro e o gelo vier, os que estiverem refugiados em tocas e buracos escuros podem atravessar o momento e chegar a uma nova era onde consigam se reproduzir de novo. Talleyrand era um darwinista *avant la lettre*, um homem que ensina tudo sobre ultrapassar barricadas, revoluções, votações e princípios, um arquetípico maquiavélico.

A tática do príncipe-chanceler funciona e é, inegavelmente, eficaz. Ele se descola de princípios em geral e consagra o "salvar-se" como cláusula pétrea. Não entrarei no mérito do julgamento que a história e Deus possam fazer. Talleyrand deveria ser indiferente ao metafísico da história e à hipótese de Deus.

Li muitas biografias e muitos textos de Talleyrand. Existe uma coisa que sempre pareceu escapar à inteligência dele. Nem sempre é preciso sobreviver no poder. Nem sempre a manutenção de um *status quo* é boa e adaptar-se a um novo pode não ser o Graal supremo. Sempre faço a pergunta: para quê?

Qual o objetivo de estar inserido em um novo momento? Por que manter tal posição?

História não é uma entidade moral. Posso retirar conclusões opostas daquilo que li em Talleyrand. Porém, não como historiador, mas como indivíduo, sempre acho que nem todo emprego vale a pena ser mantido, nem todo casamento vale a pena a luta pela sua continuidade e nem toda a recompensa financeira justifica certas escolhas.

Sim, os ratos sobrevivem mais do que os dinossauros. De novo, ninguém duvida da eficácia da adaptação. Tenho a sensação hoje de que os grandes partidos brasileiros (e vários médios e pequenos) não aprenderam nada e não esqueceram nada. Continuam a apostar que nós esqueçamos, ao menos. Será que conseguimos aprender alguma coisa?

Estado e nação

Em 1808, a Corte portuguesa desembarcava no Rio de Janeiro vinda de Salvador. Portugal já experimentou várias capitais ao longo da sua história: Guimarães, Coimbra, Lisboa e, em 1830, Angra do Heroísmo. Cada uma correspondeu a um momento específico da atribulada trajetória lusitana. A transferência para o Rio de Janeiro da cabeça do Estado português (D. Maria I e o regente, príncipe D. João) e de quase todo o aparato burocrático que enformava a máquina administrativa da metrópole era algo muito novo. A chegada de prováveis 15 mil pessoas ao acanhado cenário da colônia era uma revolução para o Reino, para o Brasil e para o Império como um todo.

Profissionais competentes dedicaram-se ao tema. Alguns poucos exemplos de livros: *Império à deriva* (Patrick Wilcken); *A viagem marítima da Família Real* (Kenneth Light); *A Corte no exílio: civilização e poder no Brasil às vésperas da Independência* (Jurandir Malerba) e o estudo de Maria Odila Leite da Silva Dias com o título *A interiorização da metrópole*. O leitor também terá imenso prazer em ler a obra de Laurentino Gomes, *1808*, primeira parte da sua trilogia sobre algumas datas que mudaram o Brasil do século XIX (1808, 1822 e 1889). Se o interesse for por temas correlatos à "inversão" de 1808, há muitas obras, em particular *A longa viagem da biblioteca dos reis*, de Lilia Moritz Schwarcz e outros autores.

Os efeitos para a colônia foram muito estudados. Houve concentração de recursos e de poder no Sudeste. A abertura dos portos (ainda em Salvador) e a elevação do Brasil a Reino Unido constituem, econômica e juridicamente, o fim do período colonial e de sua base mercantilista. A revogação do alvará que proibia as manufaturas e o surgimento da imprensa e do Jardim Botânico indicam um projeto sistemático. A Escola de Cirurgia da Bahia foi um marco para o país. O longo braço estimulante da Coroa atingiu Sorocaba (SP) com a instalação da Real Fábrica de Ferro São João do Ipanema. Também sempre que você entra no Banco do Brasil, está dialogando com uma ideia de 1808.

Claro que há o lado menos progressista ou simpático. Parte do custo dos projetos da Corte veio de arrocho fiscal sobre o Nordeste. Em 1817, Pernambuco insurgiu-se contra a opressão do Rio de Janeiro. Do movimento rebelde brotou a atual bandeira do estado, sempre candidata ao posto de mais bonita do Brasil. Para a América Portuguesa como um todo, a abertura dos portos e o tratado de 1810 atrelaram o comércio tupiniquim ao controle britânico. Deixávamos de ser colônia de Lisboa para virarmos feitoria de Londres. Por fim, ao lado da explosão fiscal e da dependência do comércio inglês, a intervenção de D. João no Prata deu continuidade a uma política antiga e reforçou um ponto de instabilidade que causaria a Guerra da Cisplatina (perdida pelo filho de D. João).

O mais notável, para mim, no processo da "fuga" da Família Real não são os detalhes rocambolescos do episódio. Há muitos. Dona Maria agitada psiquicamente sendo a única que parecia querer lutar. A prataria abandonada no cais com o general Junot ao longe. D. João tentando casar o príncipe D. Pedro com uma princesa napoleônica para evitar a invasão francesa. A corte desembarcando com lenços na cabeça pela epidemia de piolhos a bordo e parte das brasileiras imitando o gesto supondo ser a moda mais sofisticada da Europa. Há centenas de episódios que sempre provocam algum riso no ensino médio e nos cursinhos.

O mais notável para mim está na obra *Os donos do poder* (Raymundo Faoro). O autor analisa séculos de choque entre o Estado (corpo político e burocrático) com a nação (conjunto da sociedade). Em 1807, o Estado português e seus 15 mil áulicos abandonaram a nação portuguesa para se salvar, levando quase todo o meio circulante de Portugal e deixando o país falido entregue aos invasores. Ao chegar ao Rio de Janeiro, o Estado português expulsou pessoas das casas (parte da nação) para acomodar os integrantes dos organismos estatais. Ao retornar a Lisboa, D. João levou todos os recursos do Banco do Brasil, levando a instituição à sua primeira falência. Salva-se apenas o Estado, que morra a nação! Faoro destaca o estamento burocrático, o corpo organizado de funcionários que se apropria do poder e dos recursos, desligando-se em parte do conceito mais amplo da nação.

A herança continuou. D. Pedro I colocou seus símbolos na bandeira do país. Prometeu jurar a Constituição SE ela fosse digna DELE e do Brasil. O objetivo do Estado parecia sempre ser... o Estado. Toda a história do Brasil poderia ser contada sobre esse choque: aqueles que se apropriam do Estado para seus interesses e a vontade mais ampla na nação.

Os escândalos de corrupção mais recentes mostram também forças vivas da nação entrincheiradas no coração do Estado, entendendo que ter lucro é lotear o poder estatal. Assim, tanto os mais tradicionais burocratas que vivem na Corte até os mais recentes agentes econômicos (professando fé liberal e de redução do Estado) focam no poder e se tornam cortesãos, seduzidos todos pelo brilho e pela eficácia arrecadadora da máquina administrativa. Mais de dois séculos depois da chegada do Estado português, parte da nação continua mesmerizada pelos lenços elegantes dos governantes. Mal sabem dos piolhos que a peça oculta.

Brasil de mármore e de murta

O padre Vieira criou uma ideia em seu "Sermão do Espírito Santo", em 1657. Alguns povos, pensava o inaciano, são de difícil mudança e resistem à pregação do Evangelho. Diz o português que: "Há umas nações naturalmente duras, tenazes e constantes, as quais dificultosamente recebem a fé e deixam os erros de seus antepassados; resistem com as armas, duvidam com o entendimento, repugnam com a vontade, cerram-se, teimam, argumentam, replicam, dão grande trabalho até se renderem; mas, uma vez rendidos, uma vez que receberam a fé, ficam nela firmes e constantes, como estátuas de mármore: não é necessário trabalhar mais com elas". No caso desses povos, a conquista espiritual seria muito complexa e demorada. Uma vez realizada a tarefa hercúlea, a nova imagem seria dura como a pedra e os convertidos ficariam apegados de forma definitiva à boa-nova.

Haveria outros povos, como os indígenas do Brasil, que teriam comportamento oposto. Seriam dóceis e receptivos ao novo modelo religioso. A facilidade da adesão seria acompanhada pela pouca constância no caminho de Jesus. Imediatamente cristianizados e com rapidez voltando às crenças antepassadas. No caso em questão, em vez de mármore, seria como esculpir em um arbusto, a murta, planta sobre a qual o jardineiro hábil pode produzir formas inventivas. Passadas algumas semanas (Vieira fala em quatro dias), o arbusto perde o modelo e retorna ao estado natural. No mundo clássico, a murta era dedicada à deusa do amor, Vênus/Afrodite, reforçando sua mutabilidade. Os "gentios" do Novo Mundo eram alunos ambíguos: aceitariam tudo que lhe ensinam e, teimosos, permanecem apegados ao seu universo de valores.

A metáfora do lisboeta foi aproveitada por Eduardo Viveiros de Castro. Em artigo hoje inserido em livro (*A inconstância da alma selvagem*), o antropólogo discorre sobre o impacto cosmológico provocado pela catequese dos jesuítas, especialmente sobre a prática do canibalismo. Os padres reclamavam que os indígenas não adoravam imagens e isso dificultava a mudança religiosa, pois escapavam dos modelos de idólatras que os jesuítas tinham a partir da memória histórica da conversão da bacia do Mediterrâneo no Baixo Império Romano. Pior, os indígenas não teriam fé porque não tinham lei e não tinham lei porque não tinham rei. Sem um sistema tradicional de submissão a um rei e a um código jurídico, era difícil substituir o mundo nativo pela nova lei e pelo novo rei europeu. No fundo, o desafio para os jesuítas e para alguns da escola de Émile Durkheim era o fato de os tupinambás não terem religião.

Sem Fé, sem Lei e sem Rei (que Pero de Magalhães Gândavo atribuiu à falta de F, L e R na língua tupi), os habitantes originais daqui seriam incapazes de realizar a incorporação da norma europeia porque não tinham norma anterior. O selvagem seria inconstante e incapaz de adaptar-se a um sistema civilizado. Grande parte do pensamento conservador da intelectualidade brasileira nos séculos seguintes dialogaria com a ideia do padre Vieira. "O brasileiro não tem jeito", "a saída para o Brasil é o aeroporto" e outras frases que reforçam a construção (quase sempre urbana e branca) de um país impossível de atingir patamares dignos de uma pátria moderna. A culpa? Ela já foi colocada nos grupos humanos constitutivos da sociedade dos trópicos ou no clima. Haveria, dizem preconceituosamente há séculos, uma combinação nefasta de preguiça, magia e dependência do Estado, fruto da mistura de indígenas, africanos e portugueses.

Com outro recorte e com outra intenção, há o filme dirigido por Sérgio Bianchi: *Cronicamente inviável* (2000). Na obra, as contradições regionais e as diferenças sociais são retratadas não como mazelas que podem ser refeitas a partir de uma ação efetiva, porém algo impossível de ser remediado, pois seria, justamente, crônico. Assim, sem citar Vieira, nós seríamos, como sociedade, um arbusto de murta. Aceitamos docemente qualquer choque de gestão, um programa novo de governo ou um planejamento bem ou mal-intencionado porque, no fundo, todos sabemos que, em breve, tudo voltará ao original informe. Novas chefias e novas regras são bem recebidas, pois, basicamente, não acreditamos que possam ser efetivas ou duradouras.

Minha experiência como professor é que toda regra enunciada no início do semestre é recebida com anuência silenciosa pelos alunos. Iniciam-se os trabalhos letivos e, lentamente, os discentes percebem que a regra é real e que será implementada. Então começam os choques e os pedidos para que elas sejam mudadas. É interessante: a regra (ou, se preferirem, a lei) não causa reação. Acredita-se que ela também será murta. Quando é notada a consistência marmórea na implementação, a resistência surge. Lembro-me do espanto de um amigo alemão ao ver a notícia de uma lei estadual afirmando que menores não poderiam comprar bebidas alcoólicas. Ele me perguntou: "Antes podia?" Eu disse que nunca foi possível, que sempre fora proibido, mas agora era efetivamente interditado. Claro, estimado leitor e querida leitora, o alemão não conseguiu entender o advérbio: como seria algo "efetivamente" proibido e como seria possível de distinguir de algo "apenas" proibido? Notável falta de imaginação germânica para nossa elasticidade interpretativa. Tem jeito? Seremos sempre murta?

Amnésia legal

As estátuas clássicas do mundo pagão eram valorizadas como obras de arte ideais no Renascimento. Porém, um detalhe perturbava os olhares modernos: a nudez. Para equalizar a admiração antiga com o pudor recente, criou-se o mecanismo de colocar um delicado detalhe vegetal sobre a área problemática. O opróbrio cristão fazia eco à vergonha de nossos primeiros pais. Adão e Eva cobriram-se com a folha de figueira após o pecado (Gn 3,7).

Qual o problema da solução decorosa? Feita de gesso, em geral, sobre um mármore amarelado ou mais escurecido pelo tempo, ela cobria destacando. O olhar fica fixado no elemento hipnotizador da folha alva. A pequena peça funciona como a peruca que o indivíduo careca coloca: ficamos focados no acessório. Perucas e folhas de figueira gritam onde se pretendia silêncio.

O governo polonês entrou no mesmo caminho. Ao tentar impor uma lei que pune quem falar da participação polonesa no Holocausto, traz um destaque ao antissemitismo daquele país (o projeto, bem atenuado depois, previa prisão de até três anos para quem usasse termos como "campos de concentração poloneses"). O ódio contra judeus existe em muitas nações e não é um privilégio alemão. Todos sabem que a máquina de extermínio foi pensada pelo governo nazista, mas o preconceito era generalizado e os atos de violência contaram com o silêncio criminoso ou o apoio entusiasmado de pessoas da França, da Hungria, da Rússia e também da Polônia. A máquina de morte alemã jamais teria conseguido seu grau trágico de eficácia se tivesse contado com populações cúmplices da vida humana e não aliadas da pulsão de morte.

Houve muitos casos de poloneses heroicos que arriscaram suas vidas escondendo judeus ou adotando crianças de famílias eliminadas. A violência hitlerista também tomou a vida de muitos poloneses. A construção de Auschwitz não nasceu de ordens de Varsóvia, porém se originou de comandos em Berlim. Ninguém duvida disso. Infelizmente, ao lado de resistentes pela vida, atos de ataque a populações judaicas também foram feitos por poloneses. O Holocausto tem sempre essa dupla face: ele criou heróis (que estão homenageados no Jardim dos Justos em Jerusalém) e deu azo a canalhas que, amparados pelo Exército alemão, puderam expressar seu antigo e histórico racismo. Entre o herói e o canalha, existe uma outra categoria, talvez a mais numerosa, o cúmplice silencioso, que nada fez para ajudar e também não tomou parte direta nas mortes. A maioria calada é sempre a face tranquila do mal em todas as épocas. Como diz antiga oração penitencial católica, "peca-se por pensamentos e palavras, atos e omissões". O extermínio dos judeus da Europa contou com as quatro categorias de fazer o mal.

Memória não pode ser apagada pela lei. O dispositivo jurídico que criminaliza quem lembrar a óbvia e comprovada participação de civis de toda a Europa na matança é uma lei inútil, como a folha de figueira ou a peruca. Ao puxar o curto cobertor da memória para o peito desnudo, descobriu-se o pé gelado e antissemita. Talvez o mais grave não seja o horror do passado. O pior é que a lei revela a permanência daquele sentimento contra os judeus.

Diante da memória do horror, o silêncio, mesmo imposto pela legislação, é o caminho mais equivocado. A Polônia sofreu muito na Segunda Guerra, como a Rússia e outros países. A melhor maneira de homenagear as muitas vítimas do nazismo (judeus, católicos, ciganos, homossexuais, comunistas, testemunhas de Jeová, negros etc.) é expor que o ovo da serpente está lá, e que a memória é uma maneira de evitar o nascimento da ninhada viperina. A História é o remédio contra o nazismo. É preciso afirmar a memória crítica de tudo que ocorreu naqueles anos trágicos. Se todos os poloneses estudarem como milhões de alemães conseguiram apoiar o projeto genocida e como isso forneceu o guarda-chuva sob o qual outros povos puderam canalizar sua tradição de violência, teríamos mais esperança de registrar o nazismo como um equívoco pretérito. Se o genocídio de judeus na Segunda Guerra fosse uma empresa, a gerência seria alemã e sócios e funcionários teriam múltiplas nacionalidades, inclusive polaca. É o reconhecimento de que há um fio que vai do conceito russo de *pogrom* até o caso Dreyfus na França; da falsificação da polícia czarista da obra *Os protocolos dos sábios de Sião* até sua tradução nos EUA sob os auspícios do industrial Henry Ford; da recusa getulista em acolher muito mais gente que fugia do horror; do asilo que Perón concedia a criminosos de guerra até a placidez alpina dos banqueiros suíços que acolheram milhões em depósitos de famílias judaicas e silenciaram sobre os fundos por décadas. O Holocausto é um fato internacional e traz à tona não apenas um projeto alemão, mas um ódio coletivo, irracional e criminoso. O Holocausto é europeu, o antissemitismo é mundial.

"Nunca mais" é um bom propósito para estudos sobre o ódio. As leis não podem sufocar a memória. Nem em países de ditaduras absolutas como a URSS, o silêncio sobre a história conseguiu ser total. Em tempos de internet e contatos amplos, a lei polonesa só traz à tona que Hitler foi vencido, o antissemitismo, não.

Lamento muito a iniciativa do governo de Varsóvia. Como nas estátuas renascentistas, estamos com os olhos fixos na vergonha que desejam esconder. O povo polonês sobreviveu a duas das mais brutais ditaduras da história, a nazista e a soviética. Torço pela sobrevivência ao nacionalismo atual do país. Como no Gênesis, a vergonha só chega após o erro. A nova lei escancara o embaraço e revela uma culpa latente e não purgada.

Se não eu, quem?

O cabalista Hilel afirmava na época de Herodes, o Grande: "Se eu não for por mim, quem o será? Mas, se eu for só por mim, que serei eu? Se não agora, quando?". O neto do grande rabino foi Gamaliel, que viria a ser citado em Atos 5,34 como defensor dos apóstolos. O argumento do professor de Saulo de Tarso no Sinédrio era um desenvolvimento pessoal da ideia do avô: se a obra daqueles novos pregadores era coisa humana, desapareceria por si; se fosse obra de Deus, era inútil combatê-la.

Há muitas possibilidades de interpretar a frase de Hilel. Uma delas é pensar o papel que eu desempenho nos processos, retirando-me da voz passiva e incluindome nos resultados. Lição preciosa derivada da reflexão com dois eixos estruturadores: eu e agora.

Tive algumas longas conversas com um político. Minhas andanças fazem com que eu tenha muitos contatos com pessoas variadas. O centro da nossa conversa mais recente: eu falava do poder destruidor da exposição pública sobre as pessoas. Citei o depoimento de outro amigo que estava abandonando a política por considerar que somente os que não têm carreira devem se dedicar a cargos públicos. Após várias funções eletivas, o amigo quase fora da política expressava seu desgosto pela pouca eficácia da ação e pelos vícios da máquina estatal.

Tenho pouca crença na redenção do mundo via política, especialmente a partidária. Ainda que eu possa ler política em sentido amplo e aristotélico, como exercício do bem público e obrigação coletiva pelo bem, penso aqui em política em sentido específico de cargos partidários, *pertencimento a partidos e eleições.*

Adverti ao meu interlocutor: uma campanha política traz dados reais e inventados sobre o candidato. As duas categorias podem ser terríveis. Um aborto foi peça-bomba na campanha de Collor contra Lula. Meses depois, Collor seria acusado de cerimônias satanistas, uma relação homoafetiva e até supositórios de cocaína. Verdades? Mentiras? O importante é que um político deve desenvolver uma casca muito grossa, pois podres fictícios e concretos brotarão da cornucópia do marketing. Enganou um sócio no passado? Teve problemas com a Justiça do Trabalho? Não cumprimentava funcionários? Utilizou-se de profissionais de sexo? Existe uma ex-mulher ou ex-marido com raiva? Tudo do seu passado vai aflorar acrescido da injúria, calúnia e da difamação combinadas. Nas paredes da velha Pompeia soterrada pelo Vesúvio, havia pichações em latim insinuando os defeitos sexuais ou deficiências anatômicas dos candidatos. A prática é antiga, as redes sociais apenas atomizaram o golpe baixo que grassava à sombra do vulcão.

Lembro-me de *O Bem-Amado*. Na trama divertida, Odorico Paraguaçu (Paulo Gracindo) acusa o candidato da oposição de ter tirado zero em prova de Religião no primário e pergunta aos eleitores, brandindo o dossiê com o boletim escolar, como um homem que não tem Deus no coração poderia presidir Sucupira. Tudo indica que Odorico ainda paira sobre nós e que continuaremos tendo o de sempre nos anos eleitorais: ideias rarefeitas e fofocas encorpadas. A culpa é circular: do marqueteiro que segue o protocolo de busca personalizada de defeitos até o grande público que quer saber mais se o candidato é marido exemplar do que se tem alguma ideia clara sobre economia.

Após a eclosão do escândalo de Watergate nos EUA, o eleitorado estava exausto da podridão de Nixon *et caterva*. O resultado foi a busca democrata por um ser impoluto que fosse modelo de religião e ética. O escolhido? Jimmy Carter. Descobriu-se em meio à explosão inflacionária do governo Carter que a honestidade era um apanágio desejável, mas não suficiente para um governo bom.

Voltando ao tema. Se a campanha e o cargo eletivo arrasam qualquer ser humano, quem em sã consciência enfrentaria a pororoca de *fake news* e de ódio? Quem abandonaria uma carreira sólida ou uma família estruturada para perseguir um cargo passageiro? Toda pessoa que deseje a presidência deveria ser submetida a um exame de sanidade mental? Pode ser considerado um homem equilibrado ou mulher razoável aquele/aquela que decide morar no Alvorada e trabalhar no Palácio do Planalto?

Volto aos argumentos do rabino Hilel. Se não eu, quem? Se eu não colaborar, quem o fará? Se eu me omitir, que coerência terei como pessoa? Se eu calar, quem falará no meu lugar? Questões complexas para resolver.

Ao final da sua experiência política, Simón Bolívar estava mais desiludido do que nunca. O espírito do Libertador, alquebrado pelo debate e pelas dissensões, foi descrito por Gabriel

García Márquez no livro *O general em seu labirinto*. Quem lutava pela liberdade do Novo Mundo arava o oceano, dizia o caraquenho a outro general. Questionado se via saída, o general teria respondido: "emigrar...". Imaginem se o Libertador tivesse conhecido a internet ou os crimes feitos em seu nome.

Em resumo, caros candidatos a candidato: o preço da política é a alma do político. Não me refiro à questão de ética, todavia à destruição do seu espaço privado. O Fausto partidário tem de entregar tudo antes e não ao final do processo. Receio que alguns que estão dispostos a entregar a alma a Mefisto tenham uma de baixo valor e que as pessoas de almas elevadas estejam em dúvida. Que resposta eu daria a Hilel?

A maioridade de um país

Era uma quarta-feira, 22 de abril de 1500. Uma esquadra portuguesa chegava ao país que se chamaria Brasil. Outrora adoravam discutir se o episódio seria intencional ou acidental. Há argumentos para os dois lados. Querendo ou não, achando ou descobrindo (ou os termos mais quinhentistas, "achamento" ou "invenção"), o fato era que a prioridade lusitana estava no lucro das Índias que despejariam especiarias sobre Lisboa e fariam a beleza do mosteiro dos Jerônimos. Portugal e Argentina compartilham esse sentimento de apogeu já vivido. O Brasil na bancarrota ou em certa prosperidade sempre foi, como disse Stefan Zweig, "o país do futuro".

Traço marcante dos brasileiros fictícios como Policarpo Quaresma (na obra de Lima Barreto) ou dos reais como o monarquista Afonso Celso (*Porque me ufano do meu país*, de 1900): somos um país de imensas possibilidades no horizonte por atingir. Aliás, na frota do almirante Cabral já viajava o homem fundador da tradição. Pero Vaz de Caminha olhou para a Terra de Santa Cruz com o olhar profético de que ali, naquela terra graciosa, tudo germinaria por força das águas. Da visão do escrivão até nossa esperança contemporânea no aquífero Guarani ou no petróleo do pré-sal, somos o país das terras, recursos e esperanças infindas. Por que ainda não saímos do leito eterno e esplêndido?

Há um argumento sobre nossas origens que merece ser revisitado. Já afirmei, em mais de uma ocasião, que a corrupção é ambidestra e que, em nosso cotidiano, praticamos pequenos atos imorais, antiéticos e francamente corruptos. Seja em Raymundo Faoro, a quem citei no artigo "Estado e nação", seja na controversa série *O mecanismo* (José Padilha, Felipe Prado e Marcos Prado, 2018), a ideia de que existe uma elite corrupta que nos subtrai atavicamente desde o século XIX (ou desde os tempos coloniais) é frequente. No seriado, a busca da origem genética de um Estado patrimonialista e corrupto localiza Elias António Lopes, um traficante de escravos luso-brasileiro que doou sua casa na Quinta da Boa Vista para o regente. Em troca da "generosidade", virou cavaleiro da Ordem de Cristo, ganhou cargo em Paraty e em São José del-Rei (atual Tiradentes) e obteve a oportunidade de cobrar impostos em várias localidades. Comerciantes ou empreiteiros, traficantes de escravos de antigamente ou os de drogas do século XXI, empresários e latifundiários sempre miraram o poder arrecadatório do Estado para obter vantagens.

É realmente inegável que havia conúbio incestuoso entre Estado e outros setores da sociedade em 1808 ou nos tempos de Afonso Henriques, primeiro rei de Portugal. A questão que se põe é outra. O chamado Antigo Regime era baseado nisso. Era perfeitamente legítimo e esperado que houvesse favorecimentos, apadrinhamentos e um toma lá dá cá entre a monarquia e os amigos do rei. As capitanias hereditárias foram a perfeita simbiose entre o interesse particular dos donatários e o poder da coroa. Um dono de uma concessão próspera como Pernambuco era, ao mesmo tempo, a empreiteira e o partido no poder. D. João no Rio de Janeiro estreitaria esses laços fraternos em corrente de aço: o doador da Quinta da Boa Vista não realizou a transferência da propriedade por lealdade aos Braganças ou a algum diáfano sentimento nacionalista. Fez por interesse e anseio de retribuição.

No século XVIII, certo discurso republicano de matriz iluminista passou a criticar essas práticas. Era necessário separar os poderes, ter transparência, criar uma imprensa livre, treinar burocracias técnicas, probas e eficazes, eleger representantes do povo (ainda que a ideia de povo, 250 anos atrás, fosse completamente diferente da de hoje). Houve revoluções e novas formas políticas surgiram tentando pôr em prática essas ideias novas. Ao fazê-lo, incorporaram muito do patrimonialismo do Antigo Regime. Nosso país não foi exceção. Aliás, em um continente republicano, optamos pela manutenção da fórmula monárquica por todo o século XIX.

As observações anteriores parecem conduzir a alguns sentimentos paralisantes. O primeiro é "sempre foi assim", o imobilismo histórico. O segundo é "todo mundo faz assim", o imobilismo sociológico. A crença em estruturas deterministas e anteriores é problemática. Seu oposto, a ideia de que tudo é derivado da vontade e ação humanas, é pouco científico. Os homens fazem a História, porém não do jeito que gostariam, lembrava um filósofo alemão. Um país nasce de opções concretas, diárias, individuais e coletivas. Mas tais opções são moldadas por uma forte tradição herdada do passado. Não é fácil, mas tudo pode ser mudado, até mesmo para pior. Não existe um destino ou um miasma natural brotando do solo. Dentro das possibilidades do presente, tudo é ação ou omissão dos agentes históricos: nós.

Assim como no passado, o povo de Pindorama ainda anseia por um futuro brilhante no horizonte. Permanece o desejo por um D. Sebastião a quem delegaremos a tarefa de refazer a mítica terra sem males. As águas continuam infindas e ainda há milhares de motivos para nosso ufanismo.

O Brasil é jovem e forte, antigo e frágil, haja vista que sobrevive a seus governos ao mesmo tempo que naufraga em suas utopias. Com mais de meio milênio já somos grandinhos: não dá para debitar tudo na conta de ex-colônia portuguesa.

Os novos leitores

Sem ter plena consciência disso, ao ler este texto, você está fazendo parte de uma transformação radical. O surgimento de símbolos que registram ideias foi uma revolução. Poder ler, caro leitor e querida leitora, é habilidade com mais de cinco milênios de histórias.

Houve cinco berços de escrita no nosso planeta: Egito, Sul da Mesopotâmia, Mesoamérica, China e vale do Rio Indo. Há um debate sobre o uso andino dos quipos (sistema de nós em cordões) como escrita tridimensional. Decifrar uma escrita traz um universo de descobertas para a compreensão do passado. Escrita e Estado estão associados e a função de escriba é, praticamente, uma função oficial.

Os governantes e seus aliados burocráticos controlam impostos, leis, quantidades de estoques, contratos e textos religiosos. O mais frequente registro escrito, por exemplo, em Ur (Suméria) ou em Palenque (Iucatã), trata de listas de reis e dos seus feitos. A escrita possibilitou o controle sobre as populações. Até hoje colhemos um eco do princípio: o governante letrado é mais bem aceito. Falar ou escrever mal é uma injúria jogada à socapa na face de um poderoso. Getúlio Vargas decidiu que deveria fazer parte da Academia Brasileira de Letras. Um membro da Junta Militar de 1969, o paraibano Aurélio de Lira Tavares, teve a mesma ideia. Nada endossa mais a pretensão de poder do que, como dizia Angel Rama, o apoio da "Cidade das Letras".

Yuval Harari, no livro *Sapiens*, fez a primeira crítica que conheço sobre a sedentarização dos grupos humanos (e as consequentes escrita e Estado). Para o historiador israelense, os bandos de caçadores e coletores eram mais felizes e com dieta mais variada do que os que plantavam cereais à margem de grandes rios, como o Tigre, Nilo ou Yang-Tse. Em tantas décadas de dedicação à história, nunca tinha lido argumentos adversos à transformação técnica da Revolução Neolítica (agricultura) e Urbana. Inconscientemente, meu cérebro desenvolvimentista achava que bronze era melhor do que pedra e o ferro superava os metais mais maleáveis. Marcado por uma provável visão europeia, eu sempre vi o Estado, a escrita, a vida urbana e a domesticação de plantas e animais como um salto humano para o progresso. Harari lembra que o Estado, as pirâmides, os zigurates, a escrita e os vastos campos de arroz foram benéficos à glória de alguns e submissão de muitos. A explosão civilizacional do Egito, por exemplo, foi uma cornucópia fabulosa que jorrou dividendos sobre o faraó e um pequeno grupo. Além da elite nilota, os beneficiados das novas técnicas e dos milhares de artefatos artísticos foram os museus contemporâneos e os historiadores. A glória do Louvre e do Britânico oculta milhões de trabalhadores que entregaram suas vidas para que sacerdotes, faraós e escribas pudessem nos impressionar com sua criatividade e feitos. Grupos nômades ágrafos deixam menos legados materiais. Seriam mais felizes? Harari assevera que sim.

As complexas escritas ideográficas do Egito e outros lugares foram dando lugar à revolução do alfabeto. Realizamos uma grande exposição em São Paulo (*A escrita da memória*) sobre o salto rumo ao modelo que, no fundo, você e eu aproveitamos até hoje. Conjunto fixo de sinais gráficos com sons associados facilitou o aprendizado. Não foi à toa que o alfabeto nasceu entre comerciantes fenícios.

A escrita espraiou-se. Dos suportes originais (estelas, pergaminhos, papiros, tabletes de barro, papel) atingiu todas as superfícies, inclusive a pele humana. Com o despertar da comunicação instantânea das redes, mais a alfabetização crescente no nosso planeta, somos o período da história com mais alfabetizados e com o maior volume de leitura e escrita de todos os tempos. Um jovem de 14 anos passa quase o dia inteiro escrevendo e lendo. Ressurgem, nas telas, as formas semíticas (sem registrar vogais), escritas simbólicas (emojis) e uma comunicação que parece combinar o alfabeto fenício com rebuscamentos de códices maias. Escrita simbólica e fonética, talvez impossível de ser lida em voz alta, mas perfeitamente compreensível para adolescentes.

O tempo do leitor foi transformado. Todos que escrevemos para o público sabemos a lição surpreendente: se o argumento principal estiver a partir do terceiro parágrafo, não chegará a muitos. Sou testemunha privilegiada do fenômeno. Escrevo crônica contra ditaduras em geral, enumero as clássicas de direita (Pinochet, Geisel, Trujillo) e, depois, dedico um enorme espaço às ditaduras de esquerda (Cuba, Venezuela, Stalin, Mao). Mal o texto sai a público e uma pletora de mensagens inunda minha praia: "Da esquerda você não fala nada, não é, seu comuna?". Problema central? As ditaduras de direita estavam no segundo parágrafo e as de esquerda no quarto. O sábio beneditino que levava meses copiando e ilustrando um delicado manuscrito no silêncio do *scriptorium* medieval foi substituído pelo leitor polarizado, focado em manchetes, com déficit de atenção e que formula insultos antes mesmo de compreender o que leu. Talvez Yuval Harari tenha razão, éramos mais felizes arrancando raízes e abatendo capivaras. Nunca tantos seres humanos tiveram a capacidade de ler. Nunca tantos leitores tiveram crescente dificuldade com a interpretação do lido.

No Louvre, há uma pequena imagem de 53cm retratando um escriba. Ele está sentado, atento, esperando um ditado que, após anos de treinamento, torna-o apto a transferir ideias complexas para o suporte da escrita. Olho para a imagem sempre que vou a Paris e penso: o que ele diria da nossa sociedade lendo frases sintéticas o dia todo?

A vitória de Vitória

Há suspiros saudosos e românticos pela monarquia. Talvez seja a podridão da nossa República tropical. Nossa vidinha linear colabora para sonhar com casamentos reais, duques, princesas e castelos. Existe uma avidez por tronos. Avultam sucessos nas telas tratando da longeva e popular Elizabeth II. Cresce o interesse público sobre a trisavó dela: Alexandrina Vitória. A monarquia das ilhas está na moda.

Em 20 de junho de 1837, uma jovem tímida e baixa foi acordada no seu quarto ao amanhecer. Ela fora criada de forma estrita e vigiada pela mãe. A quase adolescente deve ter intuído que chegara a notícia temida e esperada. O arcebispo de Cantuária e o lorde Cunyngham anunciavam a Vitória que seu tio, o rei Guilherme IV, falecera um pouco após as duas horas da manhã daquele dia. Ao romper da alba de quase verão, a jovem que completara 18 anos no mês anterior (24 de maio) era declarada rainha das ilhas britânicas e do crescente império.

Nossa personagem era neta do rei que mais tempo havia governado a Inglaterra: Jorge III. Seria difícil supor que alguém ultrapassaria a marca de 60 anos de reinado do monarca que havia enlouquecido no trono. Ela era uma candidata improvável, já que seus tios eram numerosos. Mortes prematuras, abortos e falta de herdeiros tramaram os fatos que derrubariam a coroa no colo de Vitória. Daquele amanhecer em 1837 até 22 de janeiro de 1901, ela faria o mais longo e brilhante reinado da casa de Hannover. A Inglaterra de Elizabeth I, Vitória e Elizabeth II reforça a crença: os reinados de mulheres anunciam uma era de prosperidade e estabilidade.

Por motivos que consumiriam dezenas de páginas, ela acabou casando com o príncipe Albert de Saxe-Coburgo Gotha. No dia da cerimônia, 10 de fevereiro de 1840, Vitória usava um pouco usual vestido branco. Diziam que era para ser localizada com facilidade pela segurança. O traje de cetim com renda Honiton não foi o primeiro a chegar ao altar, mas inaugurou a novidade que se tornaria canônica: o branco da nubente. O conjunto era matizado pela safira que ela recebera do noivo Albert. O casal repetiu a experiência pouco comum de Jorge III e esposa Carlota: foram apaixonados e fiéis a vida inteira.

Vitória e Alberto geraram nove filhos, muitos dos quais foram associados a importantes tronos europeus. Vitória acabaria sendo a grande avó da Europa, espalhando os laços e a hemofilia por diversas casas reais. Os relatos são quase unânimes: ela foi uma boa rainha, excelente esposa e péssima mãe...

O imperialismo britânico atingiu o zênite. Em 1877, a rainha foi coroada imperatriz da Índia. Das colônias, em cima de pilhas de corpos de asiáticos e africanos, afluíram toneladas de riquezas.

Londres era a capital do mundo graças ao poder econômico da Revolução Industrial, o poder da sua Marinha e a expansão financeira e das ferrovias britânicas. Cultura? Buscava-se em Paris. Dinheiro? Mirava-se Londres. Em francês, o mundo fazia diplomacia; em inglês, tratava de negócios.

Sob o poder dourado dos banqueiros, escondia-se uma realidade terrível. A pobreza de milhões na Grã-Bretanha, a fome na Irlanda e os motins causados pela escassez ou pela falta de direitos políticos. Londres temia a *mob* ("multidão") raivosa e faminta, ainda que a capital não tivesse experimentado o candor revolucionário de Paris do século XIX.

Na capital inglesa, havia um emaranhado de cortiços e ruas com esgotos a céu aberto e constantes epidemias de cólera. As condições de trabalho terríveis e a insalubridade das residências tornavam a expectativa de vida dos trabalhadores muito baixa. A tuberculose e a pneumonia ceifavam vidas inumeráveis. O Tâmisa era uma fedentina abjeta. Muitas fábricas ainda funcionavam em plena área urbana e a poluição do carvão mudava a cor de prédios e de árvores. Temerosos da massa turbulenta, as elites londrinas criavam casas de trabalho (*workhouses*) para concentrar e disciplinar trabalhadores em organizações muito próximas aos presídios, na tentativa de eliminar o ônus da pobreza. Muitas mulheres pobres engrossavam a renda familiar com a prostituição. Na metade do século XIX, falava-se oficialmente em 8.600 prostitutas pelas ruas de Londres. Havia estimativas de que o número poderia ser de mais de 120.000. Além do comércio corporal, dezenas de milhares de mendigos, alcoólatras e ladrões tornavam o hábito de flanar pela capital um exercício perigoso. Demoraria muito para que as melhorias sanitárias e trabalhistas começassem a surtir efeito sobre a massa de trabalhadores. Tudo isso ocorreu em meio ao desenvolvimento da rígida moral vitoriana sobre os corpos e os desejos.

Acima dos horrores das ruas infectas e perigosas, de colônias violentas, pairava Sua Majestade, a rainha Vitória. Em 23 de setembro de 1896, ela superou a marca do avô como a mais longeva governante do trono de Saint James. No ano seguinte, comemoraria o Jubileu de Diamante. A festa foi imensa. Não estavam apenas lembrando 60 gloriosos aniversários de reinado da agora viúva; comemoravam o apogeu do império, a glória do poder econômico e militar, o liberalismo triunfante e o glorioso sol vitoriano que substituía o inverno de qualquer descontentamento. Ao final, a frágil menina daquele 20 de junho presidiu 64 anos de estabilidade política e crescimento econômico. Que inveja, não é mesmo?

A independência deles e a nossa

Os Estados Unidos declararam sua independência em 1776. O Brasil chegou ao grito do Ipiranga em 1822. Quarenta e seis anos separam nosso 7 de Setembro do 4 de Julho deles. Uma geração apenas, todavia um abismo imenso.

O lento afastamento dos colonos anglófonos em relação ao governo de Londres intensificou-se no século XVIII. A mudança da política fiscal e colonial inglesa foi visível após a Guerra dos Sete Anos (1756-1763). O déficit das ilhas Britânicas aumentara e, para suprir o rombo nas contas, o Parlamento inglês passou a aprovar novos impostos como a Lei do Açúcar, a Lei da Moeda e a Lei do Selo. A guerra, mais as necessidades da jovem

Revolução Industrial na ilha da Grã-Bretanha, revisitava uma política mercantilista que feria os interesses diretos dos colonos.

Estudantes da costa atlântica dos atuais Estados Unidos frequentaram universidades nas colônias ou na Europa, e tomaram conhecimento da obra de muitos iluministas e novas teorias de direito. Em especial, uma tradição inglesa, de John Locke, falava do direito à rebelião e da própria tradição insular de rejeitar impostos aprovados sem o consentimento dos pagantes diretos. Havia algo de Magna Carta (1215) e de Iluminismo na onda que crescia na América.

Ainda antes do 4 de julho de 1776, data formal da ruptura, já houvera choques armados. Um encontro na Pensilvânia redigiu o documento-chave do verão da independência, invocando, sem citar, toda a teoria de Locke. Tratava-se de uma iniciativa da elite *wasp* (branca, anglo-saxã, protestante) que contava com apoio entusiasmado de outros grupos, inclusive pobres, mulheres e batalhões de negros.

O que ocorreu na Filadélfia naquele 4 de julho foi uma reunião com debate de argumentos e possibilidades. A Declaração era um arrazoado lógico, racional e didático, relembrando os atos nefandos do rei Jorge III, dos ministros e do Parlamento metropolitano. Desde o início, invocavam o imperativo da prudência e, algo muito inglês, da fleuma e cuidado em não provocar rupturas sem sentido. Se quebravam a tradição, era porque a situação tinha se tornado insustentável.

O documento é um dos marcos da liberdade ocidental ao lado da já citada Magna Carta e da futura Declaração dos Direitos do Homem e do Cidadão, de 1789. Um documento valioso com consequências enormes: a guerra era declarada à maior potência naval do mundo e os colonos sabiam disso. O custo foi enorme. Nova York foi incendiada. A luta arrastou-se por mais cinco anos, encerrada em 1781, mas o tratado de paz foi assinado somente em 1783. Muitos atribuíram a vitória aos *minutemen*, o colono-soldado, que atendia ao comando do general Washington levando sua arma pessoal. A persistência da memória da eficácia do cidadão armado contra a tirania do Estado embasaria a escolha constitucional de conceder o porte pessoal de armas como um direito constitucional.

Desçamos abaixo do Equador. A Independência do Brasil não foi um movimento amplo e nacional, no entanto um pacto de elites escravocratas com o príncipe português. D. Pedro era o herdeiro do trono de Portugal, o que seria mais ou menos semelhante se um dos filhos do rei Jorge III tivesse transposto o Atlântico e gritado *"liberty or death"* nas colinas da Geórgia. A independência brasileira, romantizada no quadro de Pedro Américo, foi um gesto lógico, porém passional, muito centrado na figura do príncipe de Bragança. Na Filadélfia houve uma discussão iluminista; o Ipiranga forneceu suas plácidas margens para um gesto romântico. Sim, houve também luta no Brasil, especialmente na Bahia, no Pará e no Piauí (batalha do Jenipapo). Houve guerra e mortos no nosso país, todavia nada que se compare a um movimento coletivo diante de invasão. O que unia muitos grupos do Brasil era a defesa da escravidão e o grande medo do século XIX: o haitianismo, o modelo revolucionário seguido pelos negros no Haiti. Os colonos ingleses receavam Londres; os proprietários brasileiros temiam senzalas e quilombolas. Também havia latifúndio e escravidão no novo país do Norte, mas estavam longe do nosso caráter escravista generalizado e nacional.

D. Pedro encarregou Debret de elaborar uma bandeira que falasse dele e da sua família. Assim foi feito: o verde dos Braganças, o dourado feminino do losango Habsburgo (Leopoldina) e a coroa imperial ao centro. D. Pedro precedia o jovem país. A bandeira dos EUA, possivelmente bordada por Betsy Ross, indicava 13 listras e 13 estrelas, falando da igualdade federativa. O 7 de Setembro fora uma iniciativa estatal; o 4 de Julho ocorreu mais amplo e popular. Os norte-americanos comuns comemoram a data com um churrasco e fogos de artifício. É um feriado de toda a sociedade. Nosso 7 de Setembro é um desfile cívico-militar, com palanque de autoridades e tom oficial. Talvez o 2 de Julho da Bahia se aproximasse mais do 4 de Julho setentrional, mas certamente não o 7 de Setembro. Você nunca foi convidado assim: "Passe lá em casa para fazer um churrasquinho em comemoração da Independência do Brasil".

Como professor de história dos Estados Unidos há mais de 30 anos, admiro, sem idealizar, a civilização norte-americana, em suas glórias e tragédias. Como brasileiro nato e amante do meu país, vivo, sem idealizar, nossa história e nossa sociedade. Desejo que nosso 7 de Setembro seja cada vez mais amplo, mais popular, mais verdadeiro e com festas mais entusiasmadas. Ainda não é assim...

Imigrar

O Brasil é um mosaico. Houve migrações internas (grupos indígenas da Amazônia que desceram o litoral para o Sul); migrações forçadas (africanos) e migrações em busca de melhores condições de vida (como muitos europeus). Houve sentimentos variados: a vista do Pão de Açúcar na capital do império poderia representar o início desolador de um cativeiro brutal ou a promessa de uma nova chance social e econômica.

Entre os governos de D. João VI e de D. Pedro I, existiu a ênfase em atrair imigrantes de fala alemã. Os motivos eram variados: da necessidade militar de preencher os vazios demográficos da fronteira Sul até os declaradamente racistas como "branquear a raça".

Ocorreram experiências anteriores com suíços e alemães no Rio de Janeiro e na Bahia. A experiência mais bem-sucedida da primeira fase de imigração teutônica foi no Rio Grande do Sul. Um grupo de colonos partiu de Hamburgo para o Brasil e chegou a Porto Alegre em 18 de julho de 1824. Na semana seguinte, chegou à Real Feitoria do Linho e Cânhamo, futura São Leopoldo. Trinta e nove "alemães" (não existia ainda a Alemanha como Estado) desembarcaram na margem do rio do Sinos naquele dia 25 de julho que, desde então, passou a ser o Dia do Colono Alemão.

Nascido em São Leopoldo, fui educado na admiração a tais pioneiros corajosos que vieram desbravar os rincões do Sul. Em 1974, ano do sesquicentenário da data, encenou-se a chegada do grupo de argonautas loiros para aplauso dos seus descendentes. O nome da imperatriz Leopoldina, adepta do movimento, era lembrado entre fogos de artifício. O próprio topônimo, São Leopoldo, era uma homenagem a um imperador austríaco. Desde o início de 1974, o Poder Executivo no Brasil era liderado por um luterano, o segundo protestante a governar o Brasil, exatamente um descendente de imigrantes alemães, Ernesto Geisel. Tudo parecia ter lógica. Cantamos o hino que se iniciava com o verso: "Loiro imigrante só a natureza te viu chegar para trabalhar aqui, e o gigante vale com certeza, se engalanou para esperar por ti". Eu estava lá e cantava no coro *"Großer Gott, wir loben dich"* um clássico *Te Deum* alemão que agradecia todas as graças acumuladas.

Éramos pouco críticos em um momento pouco crítico. Ignorávamos as dificuldades, não aquelas que eram louvadas como uma prova de fogo para os imigrantes, mas outras igualmente graves. O agente da imigração para o Brasil (von Schäffer) recebia por cabeça, e tratou de pintar o quadro mais róseo possível aos candidatos no porto de Hamburgo. Todos ganhariam terras imediatamente e teriam plenos direitos políticos. Não era um Mayflower puritano de "povo escolhido" que se inaugurava na travessia, mas um grupo agitado. Não havia apenas colonos. Foram recrutados soldados entre indivíduos que príncipes alemães queriam despachar para longe. Houve rebelião a bordo e até execuções. Chegaram 39 pessoas a São Leopoldo de maioria protestante (apenas 6 eram católicos) e logo descobriram que as terras não estavam demarcadas, as sementes não tinham chegado e o voto era restrito a católicos. O paraíso era mais áspero do que fora apresentado. Em breve, em outras ondas migratórias, alguns colonos chegaram a enlouquecer em função das dificuldades, provocando proibição de novas levas para o Brasil da parte de alguns governos alemães.

Apesar de todos os desafios, o projeto continuou crescendo e se espalhando pelo Rio Grande do Sul, Santa Catarina, serra fluminense e pelo Espírito Santo. Abaixo dos africanos e lusitanos, os alemães chegaram a ser o terceiro maior grupo de imigrantes para o Brasil.

O Brasil é um mosaico de imigrantes, eu disse à partida. Nenhum veio para cá por gozar de plena prosperidade na sua terra natal. A crise despertou o grosso do êxodo de italianos, portugueses, espanhóis, alemães e outros. Perseguições religiosas e restrições atraíram muitos judeus para o Novo Mundo. Quase todos aqui somos descendentes de imigrantes que saíram de situações ruins para sonhar do outro lado do oceano. Há pobreza, falta de perspectiva e perseguição na base das nossas árvores genealógicas. Quase sempre temos um miserável entre os ancestrais.

Ser descendente de imigrantes pobres deveria nos tornar muito receptivos aos novos grupos de pessoas em fuga. Especificamente, imigrantes atuais como bolivianos, venezuelanos e haitianos, que repetem o que nossos avós alemães, italianos, japoneses, portugueses e espanhóis fizeram. Nem sempre temos a solidariedade que nossa condição imporia. Pelo contrário, é comum que o imigrante da segunda-feira olhe o da quinta-feira como um invasor arrivista, um perigo. Acontece no Brasil. Acontece nos EUA, onde Trump, descendente de imigrantes alemães e casado com uma imigrante eslovena, aperta o cerco contra "forasteiros". Sempre me pareceu que, entre a utopia pouco praticável de escancarar fronteiras e a ideia de uma muralha xenofóbica, poderiam existir soluções equilibradas. Temos espaço no território. Talvez tenhamos pouco espaço nos corações. É sempre estranho que um ser humano possa ser ilegal no planeta Terra.

Fazer História

Debati com um grande amigo historiador nossas concepções sobre o "estado da arte" do nosso ofício. Luiz Estevam de Oliveira Fernandes é autor também aqui, pois nossas ideias se misturaram. Vamos a uma série sobre passado, História e Brasil atual.

Os médicos têm importância extrema em toda sociedade e trabalham com o valor mais elevado possível: a vida. Nada mais justo que sejam protegidos por extensa legislação. Exercer medicina sem ter o devido e reconhecido diploma caracteriza um exercício ilegal da profissão e é crime. Anunciar cura secreta e infalível constitui charlatanismo, também previsto nas leis. Prescrever substâncias pode enquadrar alguém no curandeirismo, igualmente fora do amparo legal. Como se vê, os muitos anos de extenuantes estudos que geram uma médica ou um médico constituem a base para a sociedade aceitar a demarcação de um espaço de exclusividade. Exercer atividades da área da medicina sem vivenciar o processo oficial de formação é proibido. Poucos duvidam da justiça das normas vigentes.

Com o historiador profissional isso não ocorre. Talvez o primeiro elemento a se levar em conta é algo que espantará a muitos: não existe a profissão de historiador no Brasil. Existe a profissão de geógrafo, por exemplo, mas não a de historiador. No meu Imposto de Renda eu sempre tive de assinalar profissional de ensino superior, ou seja, professor, como atividade original. Legalmente, minha função não existe.

Não há a profissão e, claro, não existe uma OAB, por exemplo, no campo dos historiadores. Não existe uma entidade que estabeleça algo como uma carteira, tão custosa e desejada pelos que concluíram seus estudos de Direito.

Além do enunciado, há uma questão importante. Mesmo que existam teorias elaboradas sobre a concepção do passado e conceitos como documento/monumento, tempo, memória etc., na prática, um bom texto acadêmico de História pode ser lido por um público mais amplo, mesmo sem formação na área. Eu não entenderia uma linha de Física Quântica, jamais decifraria um trabalho de Química Orgânica e teria imensa dificuldade em ler um simples artigo sobre uma nova técnica cirúrgica. Por quê? Tais áreas têm extenso vocabulário técnico que refulge em qualquer texto. Os historiadores têm densa reflexão teórica, porém, o resultado final, um livro de História, com raras exceções, pode ser lido, talvez com alguma dificuldade, pelo público que tenha alfabetização compatível. Escondemos a parte mais complexa da atividade em andaimes teóricos invisíveis ou notas de rodapé que podem ser puladas pelo grande público. Há mais: obras importantes para nossa área foram escritas por pessoas sem formação específica, como *Os donos do poder*, do jurista Raymundo Faoro. Há também o caso de pessoas notáveis na esfera da História, como Evaldo Cabral de Mello que é diplomata como atividade oficial, mesmo com boa formação na Filosofia da História. Mello escreveu obras insuperáveis como referência no campo, mas, apesar da erudição e qualidade dos textos, creio, deve declarar ao Imposto de Renda que é diplomata.

Ainda que hoje todos tenham certeza sobre tudo, especialmente sobre os temas que escapam completamente ao domínio do emissor, é provável que historiador ouça mais palpites de leigos do que médicos. Sim, eu sei, as pessoas bosquejam sobre os filhos de Hipócrates; porém, sobre os filhos de Heródoto, elas emitem tratados. Há mais chance de alguém se calar quando o médico afirma que "diabetes melito do tipo dois pode apresentar complicações macroangiopáticas e microangiopáticas" do que quando um historiador discute a questão do racismo brasileiro.

Todo historiador profissional já conviveu com o debate, por exemplo, nos moldes seguintes: após percorrer uma trajetória formativa de 15 a 20 anos entre sua graduação, mestrado, doutorado e livre-docência, um pesquisador tornou-se referência em história do racismo republicano. Trabalhou em arquivos por duas décadas e publicou livros e artigos importantes sobre o tema. Ainda assim, quando afirma algo sobre sua especialidade, ouve de alguém que nunca dedicou 15 minutos ao tema a pérola: "acho que no Brasil não existe racismo de verdade...".

Não se trata de argumento de autoridade, algo da cepa de "escute-me porque sou historiador", mas da possibilidade técnica de emitir análises a partir de formação específica. Historiadores erram? Com frequência; porém médicos e dentistas também. Não se trata aqui de uma suposta infalibilidade do profissional da memória, entretanto de um anti-intelectualismo crescente e de uma rejeição do método. Todos os profissionais, em qualquer área, erram e todo conhecimento é, por natureza, limitado. Porém, façamos a pergunta reta e direta: em caso de apendicite, qual a pessoa que você gostaria de ter por perto? Uma pessoa de muito pensamento positivo e que já viu um caso similar na juventude ou um médico?

Dou um exemplo frequente. Um indivíduo afirma que a vida era muito melhor durante a Ditadura Civil-Militar (1964-1985). Se eu sentir que existe seriedade para saber, indico obras variadas para que ele reflita. Digamos, livros iniciais que debatam o modelo de Milagre Econômico ou a atuação do aparato repressivo. Sugiro dez livros, algo que daria ao interessado amador uma leitura básica para buscar um primeiro contato com o tema. Recebo quase sempre a mesma resposta: não preciso de livros, eu vivia naquele período e eu estava bem. Surge, repetidamente, a minha resposta "preferida": "minha avó dizia que só gente safada sofria, quem era trabalhador e gente de bem estava livre de perseguições". As pesquisas sobre cem milhões de brasileiros caem por terra e a opinião da Vovó Mafalda brilha e soterra arquivos, textos, documentos e pesquisas. Imagino se alguns alemães não diziam o mesmo: "eu não era judeu e nem comunista, o nazismo era bom, pois não me perseguia...".

Paciência é uma grande virtude. Todas as áreas de conhecimento estão sofrendo com a convicção subjetiva e prévia de todos. Há um anti-intelectualismo notável no Brasil de hoje. Talvez o ataque não seja porque a produção de historiadores esteja errada, como muitos afirmam, mas por estar certa e incômoda.

Há duas questões correlatas. A primeira é como a Memória se relaciona com a História. Esse é um tema denso e abrir sendas em floresta dessa natureza exige mais do que um simples facão, como esse que uso. Sabendo disso, vou arranhar a superfície do problema apenas para expor meu argumento. Mnemósine, para os gregos antigos, era aquela que fazia lembrar. Punha-se como oposta ao rio Lete, leito do esquecimento, ou do Tártaro, também divindade ou lugar do olvido. Lembrar seria manter vivo. Esquecer-se significava o oposto, condenar à morte. Mas os mecanismos da memória são mais complicados do que isso. Ao dizer que quero me esquecer de algo, estou produzindo justamente o efeito oposto: estou me lembrando desse mesmo algo! Quantas vezes desejamos nos lembrar (sem conseguir fazê-lo!) onde pusemos as chaves? Lembrar e esquecer são verbos siameses.

A memória pode ser individual ou de um grupo, coletiva. Quando fazemos festa de aniversário ou comemoramos uma tradição, como o Natal, por exemplo, estamos diante de memória coletiva (que também é individual, pois ninguém se lembra exatamente do mesmo jeito que a pessoa ao seu lado). Podemos perceber que a memória é terreno instável. Portanto, o que sua avó se lembra do passado não é o passado, mas uma alquimia muito própria dela, um misto do que ela se esqueceu (por trauma, por desconhecimento, por não considerar importante...) com aquilo que é capaz de se lembrar (operação que envolve entender onde ela viveu, qual sua posição social, sua cor de pele, nacionalidade, religião etc.).

Desde Freud até a filosofia contemporânea, somos capazes de perceber como o relato de alguém que viveu uma experiência no passado não é um espelho concreto desse passado. A relação entre um fato vivido coletivamente e a recordação de um indivíduo sobre o mesmo evento está longe de ser direta. Há desvios, acidentes e pedágios no reino da memória. Um testemunho da vovó ou do papai é uma teoria interpretativa do passado muito mais do que o passado concreto e inquebrantável. Em tempos como os nossos, em que todos querem ter opinião sobre tudo, o testemunho pessoal passou a ter um peso extraordinário. O "eu penso, eu acho, eu acredito" ganha o debate que se trava entre iguais nas redes sociais. Lembremos, porém, que a memória está inextricavelmente ligada ao indivíduo que a produz e ao seu presente, como uma âncora ao leito do mar e ao navio.

Logo, o que nos resta? Contrastar o testemunho individual e sua gravidez de presente com outras fontes de passado, submetendo todas elas à crítica. É esse o ofício do historiador. Isso nos torna diferentes de um mero emissor de opinião sobre o passado e o presente. Aqui chegamos ao segundo raciocínio e ele tem a ver com o que o historiador chama de fontes históricas ou documentos.

Um sábio historiador holandês, há quase cem anos, disse-nos que devemos nos voltar ao passado como se estivéssemos diante de uma disputa de baralho. Se tentássemos ler o passado apenas da posição cômoda de quem já sabe quem ganhou o jogo, perderíamos nossa capacidade de historiar. É necessário reconstruir o jogo todo, verificar as cartas nas mãos dos jogadores, ponderar suas jogadas, uma a uma. Isso nos dá a dimensão real do quanto o passado parece estável, mas está longe disso. Adensando o mesmo paralelo, imagine-se diante de uma obra clássica, como o *Dom Casmurro*, do genial Machado. Se o leitor ou a leitora apenas "folhearam" um resumo dele na internet, conhecem o enredo e as personagens, mas não fruíram Machado. Sem ler a obra toda, perde-se a riqueza da narrativa, não se compreende a psique das personagens, suas nuances. O mesmo vale para músicas, filmes e quaisquer produções humanas no tempo: o final isolado não é capaz de nos revelar o produto em si.

O historiador lida com isso. Os "produtos" e seus múltiplos rascunhos e criadores formam a nossa matéria-prima. Tudo o que o passado humano fez e que tenha sobrevivido a seu tempo torna-se um documento, uma fonte. Se quisermos entender Júlio César, teremos de ler *A Guerra das Gálias*, por exemplo. Lá está César falando de César. Igualmente imperativo seria analisar as estátuas e imagens que mandou fazer de si: lá está a memória que quis deixar para a posteridade. Pensar os textos de seus opositores e detratores nos daria o reverso de César. Lendo apenas uma fonte, temos algo mais próximo de um depoimento da vovó: captura algo do passado, mas está longe de ser o passado em si. O texto de César está cheio de intencionalidades. Os de seus adversários também. Combinar ambos pode me dar mais matizes ao quadro que pinto. Por outro lado, se quero entender o que um romano comia, como se vestia e como era seu cotidiano na época dos primeiros césares, talvez fosse melhor trocar de documentos. Pichações nas paredes de Pompeia ou material escavado nos esgotos de cidades romanas dariam mais pistas. Nas cloacas romanas, estará lixo e podemos dizer muito de alguém vasculhando aquilo que descarta: o que comeu, que tipo de utensílios usava etc. O lixo romano mostraria cerâmica; o nosso, plástico. Isso não necessariamente está no texto de César ou no discurso de um líder contemporâneo.

Desconfie da memória, varie as fontes.

Ainda não está convencido? Imaginemos uma menina de 15 anos que esteja em seu baile de debutantes. Vestida de branco, emocionada, ela vive um momento muito especial. Música, amigas, um possível namorado, comida e muitos fatos para guardar e comentar. A festa é densamente fotografada e filmada por ávidos smartphones e equipe profissional.

Passados dez anos, a nossa protagonista ficcional chegou aos 25. Ela olha os registros. Pode vir a considerar tudo de extremo mau gosto: "Por que não fiz uma viagem com esse dinheiro?". Passado mais meio século, eis nossa personagem aos 75 anos, cãs pronunciadas e rugas na face. Ela revisita o mesmo material e comenta com seus netos: "Olhem como eu era bonita! Que noite maravilhosa foi aquela!".

Houve um fato: o baile de debutantes. Não foi inventado como acontecimento. A memória sobre o evento, contudo, transformou-se bastante, conforme as realidades vividas, suas novas reflexões e imperativos. Em outras palavras, escolher qual o fato que queremos destacar e como trabalharemos a memória é uma atividade de todos e que o historiador tenta tornar consciente e crítica. Assim, dizer que a História necessita ser reescrita não é apenas um imperativo derivado das descobertas constantes de documentos no seu sentido amplo, mas também da mudança de significação que damos a documentos antigos.

Vamos a exemplo concreto. Muitos leitores podem ter ouvido falar que o Brasil, por ter sido colônia de exploração, é esta terra de DNA corrupto, onde em se plantando nada dá, pois roubam semente, solo, água, fertilizante e ferramentas antes mesmo da semeadura. Para cá, mandaram a ralé ibérica, gente de mentalidade atrasada, disposta apenas a vilipendiar indígenas e apossar-se de riquezas para, rapidamente, voltar a suas metrópoles de origem. Com isso, herdamos instituições viciadas, nepotismo, patrimonialismo e toda sorte de mazelas. Normalmente, quem diz isso tem o oposto na ponta da língua: por terem sido colônia de povoamento, os EUA são como são: a maior nação democrática e livre do mundo. Para lá, só foi gente fina, elegante e sincera... A atitude não seria predatória, mas preocupada com o desenvolvimento local e isso explicaria tudo.

Uma atitude historiadora diria: baseado em quais documentos se chegou a essa tese? Por quais caminhos metodológicos passaram esses documentos? Como foram tratados? A resposta a essas questões, o mesmo leigo não teria. No máximo afirmaria, como no preâmbulo da Declaração de independência das 13 colônias, que acredita em verdades autoevidentes. Claro: desde que tais verdades reafirmem sua crença.

No século XVII, quando a América espanhola já apresentava universidades, bispados, produções literárias e artísticas de várias gerações, a costa inglesa da América do Norte era um amontoado de pequenas aldeias atacadas por índios e rondadas pela fome. Decorridos cem anos do início da colonização, caso comparássemos as duas Américas constataríamos que a ibérica se tornara muito mais urbana e possuía mais comércio, maior população e produções artísticas e culturais de mais envergadura que a inglesa. Por todos os lados, o historiador vê elementos que não confirmam a ideia de exploração como eixo único: o mundo ibérico dá a ideia de permanência.

Tipologias coloniais existem pelo menos desde Adam Smith, mas foi no século XIX, em pleno processo de neocolonialismo, que estudiosos como W. Roscher desenvolveram o que parece ter sido a gênese da explicação "povoamento" *vs.* "exploração".

Não que ele tenha cunhado as expressões, mas um francês, Leroy-Beaulieu, na virada para o século XX, apropriou-se de Roscher, simplificando suas ideias. Um brasileiro muito importante para nós, historiadores, Caio Prado Jr., leu Leroy-Beaulieu e o simplificou um pouco mais. Nascia o mito "povoamento" vs. "exploração". Gente séria, que se formou lendo Caio Prado, tratou de espalhar e simplificar ainda mais a teoria em escolas e livros didáticos. Estrago feito. Nada sobre isso na documentação, mas tudo o que muitos repetem com o rigor dos psitacídeos.

O que quero dizer? Primeiro, que a representação do passado e do que consideramos importante representar também é um processo constante de mudança. Se a memória muda sobre fatos concretos e protagonizados por nós, também muda para fatos mais amplos. A História é viva e mutável. A explicação sobre a lógica da colonização explicar nosso atraso e o avanço anglo-saxão parecia convencer nos anos 1940. Não resistiram a pesquisas posteriores.

É fundamental que as pessoas deixem de achar que pitacos aleatórios sobre o passado são a mesma coisa que fazem os historiadores. Todo pretérito pertence a todos e qualquer um pode e deve falar dele. Profissional de universidade ou erudito por formação, o historiador faz pesquisa. E são essas pesquisas, e não palpites, que fazem avançar nosso conhecimento sobre o passado. Nós erramos, mas a própria metodologia da História tenta reparar os equívocos com novas pesquisas.

Por fim, a ferida. Richard Kagan, historiador americano, recentemente falou que nossa tribo precisa vencer a barreira de escrevermos apenas uns para os outros. Nossa dificuldade para elaborar uma história ativa na esfera pública abre espaço para concorrência, tanto a boa como a desonesta. Historiadores: vençamos o ressentimento quanto ao êxito alheio e escrevamos juntando método e pesquisa à leveza e fluidez. Todos sairão ganhando.

Mistérios do tempo

Começo com uma narrativa histórica. No Sul dos atuais Estados Unidos, ingleses tentaram firmar uma colônia no final da década de 1580, Roanoke, autorizada pela rainha Elizabeth I. Sir Walter Raleigh enviou dois grupos para lá e, naquela região, nasceu a primeira criança de fala inglesa da América: Virginia Dare.

A colônia tinha inimigos entre indígenas e espanhóis próximos. Para garantir suprimentos e apoio, alguns retornaram para o arquipélago britânico com a promessa de voltar com ajuda imediatamente, mas o episódio da tentativa de invasão espanhola de 1588 retardou o socorro.

No verão de 1590, finalmente, o reforço chegou e não localizou mais nenhum súdito da Rainha Virgem na região. Em uma árvore, gravada fundamente, a palavra "Croatoan". Em árvore próxima, apenas as letras "CRO" figuravam. O que teria acontecido com a chamada "colônia perdida"? Qual o significado efetivo da mensagem colocada nas árvores? Todas as pesquisas foram inconclusivas.

A história de episódios, anedótica, de frases bombásticas e mistérios é, de longe, a preferida dos não especialistas. O biólogo é inquirido a responder qual o mamífero mais longevo, qual o ser vivo mais extenso, qual a cobra mais venenosa do mundo ou coisas do gênero. O estudioso da língua deve explicar a palavra mais extensa do nosso léxico, indicativa de uma doença específica do pulmão em função de aspirar cinzas vulcânicas, dicionarizada no *Houaiss* com suas impressionantes 46 letras: "pneumoultramicroscopicossilicovulcanoconiótico". Talvez pior do que o lado anedótico do conhecimento seja alguém decorar a palavra e perguntar para outra pessoa. Tente supor uma ocasião na qual você poderia sofrer da doença com 46 letras, até porque, com o pulmão enfraquecido pelas cinzas terríveis, a chance de ter fôlego para descrever o mal é pequena. Os livros que podem vender mais têm títulos como "*Os tiranos mais terríveis da História*" ou "*As dez famílias mais ricas de todos os tempos*".

Qual a validade do conhecimento anedótico ou baseado em superlativos? A resposta passa pelo sentido que damos ao estudo da História e ao conhecimento como um todo. É muito claro a um historiador profissional que conhecer seu campo implica saber datas, acontecimentos, processos históricos, teoria, metodologia de pesquisa e um punhado de coisas que o ajudem a pesquisar o passado. Também é notório que buscamos conhecer experiências passadas não pelo lado antiquarista da coisa. Historiadores não pensam o passado como estável ou estático. O senso comum supõe que algo aconteceu e isso ficou registrado. Bastaria ler o registro e ver que tal situação foi assim ou assado. Nesse sentido, um historiador seria um mero sacerdote de um deus chamado passado que ditaria em nossos ouvidos tudo o que devemos escrever e como fazê-lo. Ledo engano! O passado é movediço e escorregadio. Cada novo documento revela olhar desconcertante e coisas que desconhecíamos. Cada novo enfoque em documento já conhecido pode revelar uma leitura não percebida antes, uma nova perspectiva.

Sabemos que o presente motiva a pesquisa histórica. Saber que houve uma colônia perdida na Virgínia em si não acrescenta muito. Mas saber que os ingleses a fizeram tentando imitar a grandeza dos impérios ibéricos que lhes serviam de modelos de modernidade pode, no presente, ajudar a superar nosso complexo de cachorro vira-lata com nossa herança lusa. Entender que ser moderno não é necessariamente algo positivo também é algo que se pode aprender com os episódios da colonização. Saber que o feltro do chapéu do soldado holandês num quadro de Vermeer tinha origem em florestas canadenses pode parecer banal, porém revela fluxos de comércio mundial, ajuda a entender o princípio da globalização, lógicas de relacionamentos entre alteridades no século XVII. E, dessa forma, iluminamos questões atuais. Comer uma batata-inglesa, hoje, me leva a pensar que um tubérculo americano cruzou o oceano e ganhou as plantações irlandesas, sustentando o país. A Revolução Industrial talvez não tivesse ocorrido com o ímpeto que teve sem esse alimento nas barrigas esfaimadas de trabalhadores europeus. A crise de meados do XIX, fruto do colapso da produção de batata, esvaziou imensas regiões britânicas, levando grandes contingentes populacionais ao outro lado do oceano, inchando cidades do Leste e impulsionando a conquista do Oeste americano. Entender que, do hijab à burca, certas vestimentas e véus islâmicos podem ser vistos tanto como símbolos de opressão feminina quanto de afirmação de identidade religiosa é curioso ou relevante, dependendo da situação. Saber que o costume corânico de cobrir o corpo sofisticou-se a partir do contato do califado abássida com os cristãos bizantinos dá à curiosidade outra dimensão. Emulando cristãos, os islâmicos passam a exigir delas que cobrissem o rosto. Saber que judias, árabes, gregas e bizantinas usavam véus relativiza verdades de nossos tempos. O véu esteve muito mais associado a distinções sociais do que a religião. Era obrigatório para mulheres da elite e proibido a pobres e escravas. Episódios e anedotas, sem dúvida, mas que nos levam a entender processos complexos e atuais.

O labirinto do futuro

Quando planejamos o futuro, há muitas variáveis para equacionar. Se eu escolher tal caminho, abro esta porta, fecho aquela outra. A cada opção aleatória, duas ou três novas brotam em minha frente. Não raro nos debatemos com a dúvida de saber se tomamos a rota correta ou não. Por que alguém tomou o rumo x e não outro?

Com as ressalvas feitas, convido você a pensar um 7 de novembro ocorrido há mais de cem anos. Essa era a data de acordo com o calendário gregoriano. Na Rússia de 1917, usava-se o juliano e era, portanto, 25 de outubro.

O país era a periferia da Europa. O território era vasto, agrário e com diferenças sociais enormes. Toda a nação russa enfrentava a Grande Guerra. O czar Nicolau II acreditava conversar com os céus e decidira ir ao *front* dirigir tropas mal armadas. Milhões morreram no campo de batalha ou pela fome e carestia que se espalhavam. Entre março e novembro de 1917, Petrogrado (hoje São Petersburgo), a quinta maior cidade europeia da época (2,4 milhões de habitantes), permaneceu sob estado de sítio. Diante do quadro de caos e abandono, pressionado por forças políticas de oposição, o imperador é forçado a abdicar em março de 1917. O poder passou para o governo provisório chefiado pelo príncipe Lvov, figura insólita digna de algum romance russo inspirado.

Havia um grupo moderado chamado menchevique. Os militantes mais à esquerda eram chamados de bolcheviques e desejavam a saída da Rússia da guerra, uma tomada imediata do poder pelo "povo". Seu líder era Vladimir Ulianov (de apelido Lenin), que vivera no exílio por 17 anos.

A escassez de comida e a insatisfação política grassavam. No início de julho, ocorrem novos atritos. As classes médias, diante da polarização dos discursos, apoiaram maciçamente uma onda repressiva promovida pelo governo. Lenin foge uma vez mais, refugiando-se na Finlândia; Trotski, um intelectual que aderira ao partido recentemente, é preso junto com cerca de 800 bolcheviques. Lvov, diante da escalada repressiva e da polarização, renuncia. A um amigo escreve que "a única maneira de salvar o país é fechar o *Soviet* (assembleia de trabalhadores e militantes) e matar todos, mas não posso fazer isso. Kerenski pode". Eis o nome do novo líder do governo. A ascensão de Kerenski custou a frágil aliança entre o governo e o Exército. Trotski é solto e assume a presidência do *Soviet* de Petrogrado. Os bolcheviques incharam com o caos: eram 14 mil em fevereiro e passaram a 350 mil em outubro. Controlavam bairros e a importante base militar de Kronstad. Naquele mês, Lenin, que regressara escondido do exílio, decide arriscar a chance. Contrariando outros líderes bolcheviques, que ainda preferiam a aliança com o governo, ele e Trotski passaram a defender a tomada do poder imediatamente.

Por volta das 22h do dia 6 de novembro, Lenin se fantasia de operário, com direito a peruca e tudo. Fingindo estar bêbado, chega ao Instituto Smolni, de onde comandaria as ações. Muitos sabiam que um golpe estava para ser dado, mas o dia 7 correu quase sem nenhuma novidade. À tarde, uma multidão de soldados e operários se reuniu em frente à enorme praça em frente do Palácio. Parecia mais uma manifestação, como tantas então. Bondes rodavam normalmente. Pessoas andavam desavisadas na avenida Nevski, cinemas e teatros funcionavam, óperas eram encenadas ao mesmo tempo que, no Rio Neva, o navio Aurora estava pronto para disparar caso recebesse ordens de Kronstad. Fazia dois dias que os bolcheviques haviam tomado o marco zero da cidade, a infame fortaleza de Pedro e Paulo, uma prisão política no tempo dos czares. Dali, deviam mostrar uma luz vermelha que colocaria todo o plano em marcha. Mas não tinham uma luz vermelha! Estavam atrasados e Lenin, impaciente. Pelas 21h, pouca coisa mudara. John Reed, o jornalista americano que tinha faro para revoluções (já cobrira a mexicana), escreveu que não percebera nada. Tomava sopa no hotel France, a poucos quarteirões do Palácio de Inverno, quando o garçom sugeriu que ele fosse para o salão interno do restaurante: "as luzes do salão principal seriam apagadas quando começassem os tiros". Reed não suspeitava, mas, desde o início da noite daquele dia, os ministros do governo haviam recebido um ultimato para se renderem. Kerenski fugira de maneira atabalhoada. Ele e seus homens procuraram táxis. Não encontrando, roubaram dois carros. Um estava sem gasolina e tiveram de furtar combustível de um terceiro veículo. Outros líderes permaneceram no Palácio, entre a dúvida e a inércia.

Passava de 2 horas da manhã do dia 8, quando, em meio a um frio cortante, do segundo andar do Palácio de Inverno, o que restara do governo ouviu gritos e alguns tiros. A porta se abriu e Vladimir Antonov-Ovseenko, um jornalista esquálido e baixo, secretário do Comitê Revolucionário, anunciou a prisão de todos. O governo trocava de mãos sem muito alarde: uma cornija lascada no prédio e uma vidraça quebrada no terceiro andar. Quando isso ocorreu, os bolcheviques controlavam os correios, as redes telefônica e de geração elétrica, além das delegacias de polícia e estações de trem.

Lenin saía da toca liderando um novo governo. Enquanto tirava a Rússia da guerra, cooptando os militares, negava um novo governo de coalizão. Com isso, mergulharia o país em uma violenta guerra civil. Lenin morreria em 1924 e novos "czares" tomariam o seu lugar, em uma longa linha de homens fortes. A Rússia, como a China, jamais conheceu um período democrático.

A Rússia foi transformada em URSS. Em quase sete décadas, o poder soviético derrotou o nazismo, promoveu reformas imensas, criou o primeiro sistema universal de saúde pública, integrou as mulheres ao mercado de trabalho e conquistou o espaço. Ao mesmo tempo, sufocou liberdades individuais, exterminou minorias, criou campos de concentração, matou milhões pela fome e deixou um rastro genocida impressionante. Naquele dia 7 de novembro de 1917, ninguém sonhava com isso. O futuro ainda seria escrito. No ponto de partida, havia medo e esperança. As utopias costumam ter custo alto.

Crer para ver

Há uma passagem no Evangelho de João que se tornou dito popular. Jesus ressuscitado aparecera aos apóstolos, mas Tomé não estava entre eles. Quando soube da inesperada e insólita visita, duvidou de seus companheiros. Como poderia acreditar que o homem que vira morto estava entre eles? Tomé, o incrédulo, tornara-se a base do nosso "ver para crer". Jesus daria nova chance a seu escolhido e apareceu mais uma vez. Na segunda visita, o Nazareno asseverou que, se Tomé vira e crera, benditos seriam os que não necessitavam ver para crer.

Hoje em dia, extrapolando o Novo Testamento, continuamos a ter as duas categorias de pessoa. Ainda há aquelas que acreditam em quase tudo. Não é necessário apresentar dados ou contrapor argumentos. A crença é prévia à visão. No outro extremo, há os desconfiados por natureza. Diante de uma novidade, quero provas de que se trata de um fato e não de um factoide.

A pimenta dá seu sabor ao prato quando pensamos que mesmo uma evidência pode ser adulterada. Historicamente, as falsificações sempre existiram. Caso notório foi a doação de Constantino, documento pelo qual se atestava a posse das terras papais. Ele seria um édito imperial, no qual o imperador romano doava ao papa Silvestre terras por todo o mundo conhecido. No século XV, um humanista, Lorenzo Valla, analisou minuciosamente o texto e percebeu que expressões e sintaxes do latim do documento seriam impossíveis no século IV.

O papado não fora pioneiro. Se eu pudesse adivinhar, diria que, em nossa história primitiva, alguém já deve ter feito isso em alguma caverna por aí. No Egito, no 14º século antes de Cristo, houve uma reforma religiosa e política muito importante. O faraó Amenófis IV decidiu que apenas o disco solar Aton deveria ser cultuado (e ele, faraó, como representante da divindade solar). A experiência radical foi efêmera. Morto o herético governante, seu projeto foi sendo abandonado em favor de Amon, o velho deus, de seus sacerdotes. Um século depois, Ramsés II mandou expurgar de vez a memória do "herege" antecessor: as imagens e textos mencionando a experiência monolátrica egípcia foram raspados. A capital – já em ruínas – teve suas pedras removidas e levadas para a construção de monumentos a Amon em Hermópolis Magna. Ramsés II, aliás, preferiu colocar seu nome em todas as obras, como se fosse o primeiro construtor da história. Inaugurava prática política popular entre nossos dirigentes.

Pulando séculos, vemos na coroação de Napoleão outro "Photoshop histórico". A cerimônia ocorreu em Notre Dame, em 1804, e buscava recriar cenas da Antiguidade, mesclando-a ao rito real do Antigo Regime. Havia, igualmente, intenção de recompor aliança com a Igreja (rompida no início da Revolução Francesa). Jacques-Louis David, pintor oficial, começou a trabalhar na tela que imortalizaria o dia. O problema real pôde ser corrigido: a mãe de Napoleão não comparecera à cerimônia. Era uma gafe familiar. Embaraço? Nada que um pincel hábil e servil não pudesse corrigir: eis que Letizia Bonaparte está lá no quadro, linda e adereçada para todo o sempre, comodamente sentada e tudo vendo da cerimônia que nunca contou com sua presença.

O mundo do poder e da imagem seguiu em frente. São famosas as fotografias de Stalin ao lado de outros membros do partido ou as de Lenin ao lado de Trotski. Mais famosa ainda é a remoção das personagens indesejadas quando a ditadura stalinista foi se intensificando. Como nos demais casos que apresentei, era o mesmo intuito de manipular o passado para criar um presente mais cômodo. Stalin mandou remover, na ponta do bisturi, desafetos das fotos, forjando novas memórias. É célebre o caso da foto de 1926, tirada em Leningrado, que mostra o homem de ferro ao lado de Nikolai Antipov, Sergei Kirov e Nikolai Shvernik. Há outras três versões da mesma foto. Em cada uma delas, um companheiro a menos. Na última, Stalin estava sozinho naquela reunião. Tente achar Trotski em uma foto da época da Revolução. Terá de procurar originais nunca tocados pelo regime stalinista. O braço direito de Lenin caiu em desgraça, foi exilado e assassinado. Sua memória, apagada.

Nem as democracias escapam ao controle de imagens e da memória. Donald Trump fez o mesmo inúmeras vezes. Literalmente desde sua posse, quando as imagens oficiais foram falsificadas para dar a impressão de haver mais gente presente do que na posse do antecessor, Obama.

A tecnologia melhora a cada minuto. Logo, avançam as técnicas e possibilidades de alterar uma imagem, vídeo ou texto com o intuito de fazer valer minha versão sobre o passado ou o presente. Assistimos a um Photoshop histórico cada vez mais impressionante. Por outro lado, o mesmo avanço tecnológico, somado à liberdade de imprensa e de acesso à informação, nos dá melhor acesso a outras fontes. Podemos checar cada informação e imagem que recebemos em segundos. Se é inevitável cairmos em manipulações, permanecer no chão é questão de escolha. Um pouco do apóstolo Tomé pode fazer bem a nossa busca de pensamento crítico. Necessitamos crer menos para ver mais.

PARTE TRÊS
Deus e os homens

Tartufismo

O gênio da comédia francesa do Antigo Regime, Molière, criou uma peça fabulosa há mais de 350 anos: *Tartufo* (*Le Tartuffe ou l'imposteur*). O enredo gira em torno da personagem-título, um falso religioso, um moralista que se aproveita da boa-fé das pessoas para obter vantagens. É uma figura arquetípica, como suas vítimas são também exemplares de toda a ingenuidade: Orgon e Madame Pernelle.

O arcebispo de Paris insistiu e a peça foi proibida para o público pelo rei Luís XIV. Sempre acho estranha a censura: se a obra denuncia o falso religioso, proibi-la soa como confessar culpa. Rir junto com os expectadores seria mais simpático ao prelado: demonstraria que ele não se sentiu ofendido e, por consequência, que não seria o alvo do comediógrafo. Bom humor e poder não costumam ser gêmeos xifópagos.

Do texto citado deriva o termo "tartufismo", ou seja, a hipocrisia encarnada em uma pessoa. A denúncia do santarrão é antiga e bíblica: Jesus ataca a aparência sem essência do fariseu, seus jejuns teatrais não acompanhados de contrição verdadeira, sua substituição do interior pelo exterior. O farisaísmo foi a primeira forma de tartufismo. Seria Jesus também proibido pelo arcebispo de Paris se pregasse na corte do Rei-Sol? Provavelmente.

O líder espiritual vive um problema. Sua autoridade deriva da própria prática religiosa e da sua respectiva moral. Por natureza, ele deveria ser um exemplo vivo de possibilidades da vivência piedosa. Todos são chamados à perfeição moral, mas o padre, o rabino, o pastor ou o mulá deveriam representar a cristalização dos ensinamentos. Ocorre que todos são humanos e nem sempre é fácil fundir significado e significante no comportamento de um espelho de Deus. Também é esperado que o *personal* tenha bom corpo, a dermatologista ostente pele exemplar e o pneumologista não fume. O modelo de cada profissão, o chamado *"physique du rôle"*, tem certa lógica. Se toda profissão tem um certo "tipo ideal" para o papel, as lideranças religiosas têm algo ainda mais exigente: um espírito superior.

O tartufismo não é a denúncia do erro que todos os humanos cometem. A peça é um dedo na ferida da hipocrisia em si, da manutenção da vida dupla, do uso de máscaras sociais. O tartufismo não é o padre que, eventualmente, grita com uma secretária ou o rabino que mente para se desvencilhar de uma frequentadora chata da sinagoga. Isso é humanidade, não hipocrisia. Os erros deveriam ser evitados, mas o impostor tem a consciência absoluta de que não acredita no que ensina e, malgrado isso, mantém todas as aparências para obter os benefícios do cargo. Molière não se empenha contra o pecadilho. Ele fala da falsidade estrutural e orgânica, muito mais grave.

O hipócrita religioso é um leitor prático do capítulo 18 de *O príncipe*, de Maquiavel. Sabe que deve aparentar todo piedade, todo religião, todo devoção. Pior: além da consciência da cenografia falsa com fins ímpios, o líder tomado pelo tartufismo sabe que, como aconselha o florentino citado, jamais deve manter a palavra empenhada ou ser tomado por escrúpulos, pois atrapalham os negócios. A consciência (mesmo ocasional) derruba o império da fé. O êxito só pode nascer da mentira constante e da exclusão de qualquer drama de consciência. O sucesso do hipócrita depende da inexistência de qualquer traço moral.

Os políticos, muitas vezes, são Tartufos com outra plumagem. Devem falar da sua "religião" formal: bem-estar do país, a felicidade do eleitor, o progresso e a ética. O eleitor passa por madame Pernelle com frequência: apesar das muitas provas da má índole do seu protegido, ela insiste em crer.

O que mais me espanta é que os fariseus contemporâneos não são bons atores. Falemos de um exemplo: Rasputin, o monge que seduziu quase toda a elite russa e a família imperial às vésperas da revolução. Era um tipo imundo, de fala grosseira, sedutor público de mulheres e exibia seu falo épico em bares com centenas de testemunhas. Mesmo assim, o czar e a czarina mantiveram sua crença até o assassinato do Tartufo da Sibéria. Como avaliar um ser evidentemente picareta e aproveitador? A peça de Molière exige que entendamos o falso piedoso com o mesmo desafio que tentamos analisar a vontade de crer dos beatos ao seu redor.

Quando vejo falas e observo discursos de certos líderes religiosos hoje, atolados em escândalos, vejo como um farol sobre a rocha o *slogan* "picareta" brilhando no horizonte. Está na testa deles e delas, reluz com acrílico e néon coruscante: "Eu sou um enganador!". Não são bons atores. Possuem aquele riso sardônico, um esgar do lábio, um olho dissimulado e uma teatralidade excessiva como a que Sartre denunciou no garçom do romance

A náusea. Gestos grandiloquentes e um vago tédio entre uma exclamação e outra: é quase impossível não perceber que estamos diante de um aproveitador, de uma impostora, de um hipócrita ou uma tartufa. E, mesmo assim, milhares de fiéis seguem, intimoratos, os ensinamentos e entregam almas e bens. Cheguei a perguntar a um seguidor famoso de uma personagem envolvida em escândalo: "Você realmente acredita nela? De fato?". Ele assentiu convicto. Não posso dar mais detalhes. Creiam-me: ele não era uma pessoa ingênua.

Por um lado, a existência de picaretas é quase um efeito colateral da existência humana. Há lógica na existência do meliante que fala em nome de Deus. Por outro lado, a fé nos tartufos é extraordinária e um mistério. Quem entender bem a peça de Molière decifrará uma parte da humanidade e, talvez, até vote um pouco melhor.

A oração do mundo

O cristianismo é o judaísmo com *recall* da fábrica. Não que a lei mosaica apresentasse um "defeito" que implicasse conserto. Era apenas um detalhe, uma minudência. Os filhos de Abraão tinham metas menos abrangentes: eram povo eleito e não religião universal. Paulo de Tarso fez um delicado ajuste na máquina. Surgia o caráter missionário e universal do judaísmo turbinado 2.0: o mundo cristão.

O modelo original está presente no adaptado. Há um ponto muito interessante de diálogo no Pai-Nosso, a única oração de fato presente no Novo Testamento. O "Magnificat" de Maria com a prima Isabel pode ser usado como oração, assim como o poético "Nunc Dimittis" de Simeão. Porém, o Pai-Nosso é original e único.

Jesus ensinou a oração no contexto do chamado Sermão da Montanha (no Evangelho de Mateus, reaparecendo em Lucas). Logo, faz parte do núcleo duro do cristianismo e está inserida na passagem mais importante para definir o novo fiel. Os católicos dizem rezar, os evangélicos, orar e os kardecistas preferem a expressão prece. O Pai-Nosso é a reza/oração/prece mais significativa do Ocidente, a mais empregada e um ponto de união com quase todos os adeptos da boa-nova. Sendo o cristianismo a religião mais numerosa do planeta e sendo o Pai-Nosso sua oração principal, devemos supor que seja, numericamente, a mais importante oração da humanidade.

A novidade começa pela expressão "Pai". Em aramaico, Jesus usa "*Abba*". É uma intimidade com Deus que deita raízes em Abraão. O diálogo do marido de Sara com o Criador era em tom direto que admitia até negociação. Moisés, de formação principesca e sofisticada, traz a ideia de um Deus de majestade, mais inacessível, atuante com o povo, porém solene e teatral. O Deus mosaico prefere ser visível em epifanias com raios e colunas de fogo. Jesus sai do campo do Altíssimo Adonai/Senhor para o íntimo *Abba*/Pai. Moisés teve de retirar a sandália para falar com a sarça que ardia. Era um momento dramático. Ao ensinar a oração que analiso, Jesus mandou entrar no quarto e fechar a porta. São duas maneiras de encarar a comunicação com Deus.

O Pai-Nosso apresenta sete pedidos formais (na versão de Mateus). Começa com a invocação do Pai divino, pede que seu nome seja santificado (1), que o Reino venha até nós (2), que Sua vontade prevaleça aqui e no além (3), pede pelo sustento material (4), implora pelo perdão dos pecados (5), reforça o desejo de não cair em tentação (6) e, por fim, elabora o desejo de que o Mal (ou o Tentador) não nos atinja (7). O curioso é que o mesmo

Jesus ensinaria a pedir tudo em nome dele ao Pai, mas não usa Seu nome na única oração formal que ensinou.

Nessa oração há uma clássica raiz judaica. Trata-se do princípio da *teshuvah*, do retorno à graça divina mediante a disposição de agir dentro do certo. Peço que Deus me perdoe, "assim como nós perdoamos a quem nos tem ofendido". Mesmo que, no futuro, a ideia da graça salvífica fosse sendo tornada cada vez mais gratuita e generosa, a base do Evangelho ainda mantém a tradição judaica de pedir perdão a Deus pelos pecados que cometi contra Ele e aos irmãos pelos pecados vividos na minha espécie. Religião muito prática, o judaísmo implica sempre a necessidade de ação humana para completar a obra divina, da disposição interna em ser justo, de perdoar a cada *Yom Kippur* (Dia do Perdão) para estar inscrito no livro da vida no novo ano.

Pequena divergência gramatical. Católicos, tendo usado a *Vulgata*, de São Jerônimo, e o latim, registraram o Pai-Nosso com o pronome "Vós". "Santificado seja o Vosso nome", rezam os filhos de Roma. Protestantes históricos foram muito marcados pela tradução luterana direta do grego e invoca que "Teu nome" seja santificado. Também o latim mais literal traduzia *"dimitte nobis debita nostra"* por "perdoai as nossas dívidas". Por vários motivos, a forma mais recente preferiu a também correta "perdoai as nossas ofensas" sem a associação material que a palavra dívida parece carregar. Deus deve me purificar dos pecados e não da Serasa Experian.

Assim, com ligeiras variações linguísticas, o Pai-Nosso é a oração mais repetida no mundo. Parece ter resumido tudo o que um fiel cristão precisa ou quer ver atendido de forma clara e direta. Pode ser pensado palavra a palavra, como um clérigo recomenda a Das Dores no conto "Cabelos compridos" (1904), de Monteiro Lobato, ou rezado de "carreirinha", como geralmente o é. Funciona como ponto de meditação, projeto de vida, mantra pré-lógico e ponto de união de um grupo. Com mãos erguidas ou com dedos entrelaçados em prece, sozinho ou em grupo, antes de refeições ou em meio a angústias, tem a força tradicional de toda identidade cultural. Pai-Nosso pode virar até talismã: gravado seu texto em um círculo, formando uma oração concêntrica com funções de proteção.

Na Igreja do Pai-Nosso (monte das Oliveiras, Jerusalém) ele está escrito em várias línguas. Cada nacionalidade procura e fotografa no seu idioma. Quase sempre os brasileiros ficam surpresos pela forma arcaica da grafia. Porém, ao encontrá-lo, ilumina-se uma identidade cultural entre as pessoas de mesma língua e mesma fé. Afinal, a principal lição do Pai-Nosso não deriva de ter sete pedidos ou a autoridade absoluta de ter sido ensinado por Jesus. A principal lição do Pai-Nosso está no substantivo e no pronome possessivo iniciais. Ao dizer que há um Pai e que é nosso, reconheço-me no coletivo humano: eis a ideia da fraternidade humana. Ter um mesmo Pai e uma mesma origem deveria ser a grande lição religiosa. Amém.

Os degredados filhos de Eva

Algumas orações possuem texto além da compreensão das crianças. Quando pequeno, rezava o Salve-Rainha e chegava ao trecho de intitular a mim e a todos os humanos como "degredados filhos de Eva". Não tinha a menor noção do verbo "degredar" e desconhecia a teologia básica do Pecado Original. Estranhava, inclusive, chamar Maria de mãe logo ao início da oração e, logo em seguida, reconhecer-me filho de outra mulher, Eva. Pior: sendo filho de advogado, perguntava-me que Maria fosse "advogada nossa". Padre Alexandre, que me preparou para a primeira comunhão, tentou explicar minha angústia sobre a dupla maternidade. O bom jesuíta assegurou-me: "Fomos condenados por Eva e salvos por Maria". Assenti sem compreender. Desisti de especular sobre os mistérios da fé pelo resto da infância.

Já mais apto a considerações complexas, dediquei-me muito à Mariologia, o estudo católico sobre Maria. Encantei-me com a beleza da Anunciação, o silêncio da mulher a guardar tudo no coração, a angústia no Templo, a intercessão nas Bodas de Caná para obter o primeiro milagre de Jesus, a dor do Calvário, o recebimento de João como filho em meio ao horror do Gólgota, a alegria da ressurreição e, por fim, a presença dela no ato fundacional de Pentecostes, origem da Igreja.

Dogmas acrescentaram mais facetas como a concepção sem mancha e a assunção aos céus. A arte consagrou uma cena magnífica: Maria coroada pelo Filho no último empíreo. O *Magnificat* do Evangelho de Lucas e a Ladainha de Nossa Senhora ainda habitam minha memória. Meu pai era devoto de Nossa Senhora do Caravaggio, minha mãe tinha uma imagem de Aparecida e eu me dividia entre Nossa Senhora do Carmo (por causa das promessas e do escapulário), Nossa Senhora da Defesa para proteção contra o Maligno, a Imaculada Conceição (orago da matriz da minha cidade São Leopoldo), um ícone de Nossa Senhora do Perpétuo Socorro e a Virgem de Lourdes por causa de uma gruta no meu colégio com a imagem dela. O rosário era minha companhia em todas as noites.

A cada 13 de maio eu cantava forte a rima entre a cova da Iria e o nome de Maria para celebrar a aparição em Fátima. Na primeira vez que contemplei a Pietà na basílica de São Pedro, chorei muito. Beleza e solidão, fé e dor tornadas mármore: a Virgem das dores, jovem e pungente, estava ali. Ao final das tardes, na capela do colégio São José, a irmã Eloísa tocava harmônio (instrumento que vim a aprender) e eu cantava o "Lembrai-vos de São Bernardo" (*Memorare*). A luz dos vitrais azuis descia e a beleza da arte e da música era a minha experiência de Deus.

Como catequista e sacristão, como estudante jesuíta e ministro da Eucaristia, eu considerava minha missão levar todos a Jesus por meio de Maria. No último dia de maio, coroávamos a imagem da Mãe de Deus com hinos e procissão. Como comentei com o padre Fábio de Melo, talvez eu nunca tenha sido um bom cristão, porém, com certeza, fui muito católico. Entendia muito da liturgia e sabia muitos cantos sacros de cor (por tocar na igreja). Porém, do ponto de vista dos valores existenciais cristãos, minhas falhas eram graves.

Passaram-se muitos anos. Deixei de rezar, não frequento igrejas a não ser por formalidade social, fui me desfazendo das imagens sacras que eu tinha. Continuei a me dedicar aos estudos de religiões como objeto, sem compartilhar a transcendência dos temas. Adoro visitar igrejas e decifrar seus signos. A fé se foi, sem nenhuma decisão clara ou uma espetacular queda a caminho de Damasco. Simplesmente, a voz que eu ouvia em oração se calou e nunca mais consegui crer que houvesse algo além da minha consciência solitária. Percebi sempre que a oração acalmava os aflitos, diminuía a dor, fortalecia disposições e tantas coisas mais.

A leitura psicanalítica foi desvendando em mim o mecanismo terapêutico que se projetava na ideia arquetípica da mãe plena de afeto no céu e de um Sumo Bem a velar por todos. Nunca escarneci de quem buscava Deus na angústia, apenas reconhecia que já adquirira suficiente consciência para não lançar mão dos recursos metafísicos. Reforço que a experiência descrita é só minha, sem nenhuma pretensão da universalidade ou de catequese ateia. Tal como pensava Nietzsche, a morte de Deus em mim não me enchia de alegria, pelo contrário, suscitava melancolia. No fundo, eu adoraria que Deus existisse. Amaria ter a certeza de que minha mãe está bem e feliz, olhando-me do Paraíso. A solidão da orfandade poderia diminuir, o vazio seria mais suportável, a dor menos lancinante se eu supusesse e acatasse a lógica advinda da onisciência divina.

Haveria um alfa e um ômega, um vetor, uma direção e eu creria no propósito de todas as coisas. Vivi a beleza e desfrutei a orientação de muitos bons mestres, padres e freiras. Nunca houve uma decepção notável com a Igreja além daquela que eu poderia ter com familiares ou colegas: alguns excepcionais e outros nem tanto. A fé católica e ultramontana do meu pai nunca fraquejou. A certeza metafísica da minha mãe manteve a luz da esperança até o último instante. O luto pelo Deus que morreu é por tudo isso. É outra orfandade. Talvez seja este o sentido que o padre Alexandre falhou em me explicar: somos filhos exilados, anelando por mães terrenas e celestes. Com consciência ou não, somos todos degredados, do ventre de Eva e do manto de Maria.

O fim teatral

No dia 30 de maio de 1431, uma fogueira foi acesa em Rouen, na França ocupada por forças inglesas. No centro da praça estava amarrada uma jovem de prováveis 19 anos, Joana d'Arc, a camponesa analfabeta que provocara uma reviravolta na Guerra dos Cem Anos (1337-1453). Morria como feiticeira e assim foi condenada pela justiça eclesiástica local a serviço dos ingleses. Seria beatificada em 1909 e canonizada em 1920. A mulher que ardera naquele dia virou padroeira da França e tema de muitos debates nacionalistas. Uma donzela lutando contra ingleses inspirou a República colaboracionista e fascista de

Vichy e transmutou-se em símbolo da extrema-direita gaulesa atual. Joana é signo aberto.

A jovem ouvia vozes e era guiada a um desafio gigantesco. Ignorar os impeditivos que o mundo da época impunha às mulheres, aos pobres e aos analfabetos e tornar-se uma líder militar e inspiração para os habitantes da França quase totalmente nas mãos inglesas. Teve a coragem de enfrentar a galhofa da corte francesa acovardada que exibira um falso Delfim para fazer troça dos desejos da adolescente de Domrémy. A morte da libertadora de Órleans e que tivera o prazer de ver a coroação de Carlos VII em Reims foi representada como o fim de uma heroína. Joana foi pintada e esculpida milhares de vezes. Foi tema de filme quando o cinema tinha poucos anos. A cena final é quase sempre a mesma: ela beijando o crucifixo nos seus estertores e olhando para o céu no qual sua fé tinha certeza do ingresso imediato. O dia 30 de maio assinala a morte de uma santa, convicta da sua crença, inabalável devota das suas vozes. Apenas por um breve instante na prisão, ela pareceu vacilar. Tantos homens sábios a pressionaram terrivelmente e disseram que ela estava louca ou possuída. Joana chegou a ter dúvidas. A vacilação tinha desaparecido no dia 30 de maio. A donzela morreu convicta, crente, certa de ter feito a vontade do Altíssimo.

Vamos avançar um pouco. Estamos no dia 30 de maio de 1778. Aos 83 anos, o garoto-propaganda do Iluminismo agoniza. Voltaire está no seu instante final. A jovem Joana tinha sido executada 347 anos antes, no mesmo dia em que o filósofo morreu. Ao ser queimada, a camponesa-santa era o símbolo da fé, do nacionalismo e dos valores finais da Idade Média. Voltaire morria bem mais velho, símbolo de outra França, a ilustrada e dos salões, defensor de um modelo de racionalidade e de um novo homem que sacudia as cadeias dogmáticas. Ele fora idolatrado por Catarina da Rússia, admirado e preso por Frederico da Prússia, recolhido por Luís xv para uma pausa na Bastilha, a mesma fortaleza que suas ideias fermentadas e adaptadas ajudariam a derrubar no dia 14 de julho de 1789.

Voltaire nunca foi, a rigor, um ateu ou sequer um agnóstico. Rejeitou o Deus pessoal da maioria das pessoas e, acima de tudo, atacou com violência a Igreja Católica, tida por ele como "A infame". Defendeu a tolerância, o uso da razão, um certo modelo de despotismo esclarecido e prosperou com o apoio de nobres, burgueses e monarcas.

Ele foi tratado pela memória conservadora posterior como o arquétipo do ímpio. Seu sorriso irônico dos bustos foi relido como sarcasmo ferino e destrutivo. Uma narrativa que cresceu no mundo moderno é sobre a agonia final do homem sem fé. Arrependidos na undécima hora, solicitavam sacramentos e a reconciliação com a mãe Igreja. Quase sempre eram *fake news*. Circulou uma lenda de Voltaire arrependido da vida de "libertino". A piada apócrifa mais divertida afirma o contrário: quando o padre se aproximou do leito do filósofo e pediu que ele renunciasse a Satanás, Voltaire respondeu que não era a hora mais apropriada para fazer novos inimigos.

A morte de um ídolo é o primeiro elemento a ser reconstruído na invenção da memória. A vida de alguém importante é alvo de remodelações constantes. O esforço principia com a narrativa da morte. Joana se debateu em agonia e até injuriou pessoas quando o fogo produziu a dor lancinante? Voltaire teria pedido a comunhão ou o auxílio de um confessor ao apagar das luzes de sua vida? Para a memória da santa e do libertino funcionar, a primeira condição é adequar a morte à vida. Quase sempre a realidade é menos harmônica.

Há um esforço em guardar as últimas palavras, ou, no caso de Thomas Alva Edison, um tubo de ensaio que conteria o último suspiro do inventor da lâmpada. Sem gravadores à mão para garantir fidedignidade, os homens célebres teriam dito coisas em momentos de tensão do círculo íntimo ao seu redor? Teria Goethe pedido mais luz a 22 de março de 1822, dia da sua morte? Seria a luz da iluminação intelectual ou simplesmente queria que abrissem mais as pesadas cortinas? Teria François Rabelais dito em meio ao delírio final que partia "em busca de um grande talvez" (*"Je m'en vais chercher un grand peut-être"*)? Pergunta incômoda: você já pensou qual será sua frase final ou a que inscreverá na sua lápide?

Vá com Deus

Jovem e ainda inseguro com os desafios críticos do amadurecimento, comecei a anunciar ao mundo que estava me tornando ateu. Naquela etapa, o ateísmo era muito mais o enfrentamento da tradição. Uns aderiam ao rock, outros faziam tatuagem, alguns fumavam maconha; eu, avesso aos deleites citados, estava virando ateu.

A insegurança é prima-irmã do discurso catequético. Minha piedosa avó recomendava "Vá com Deus" e eu redarguia, arrogante: "Vou de Varig, vó". Hoje eu seria incapaz de responder assim. A pessoa que me desejou "fique com Deus", "vá com Deus" etc., está transmitindo um gesto de carinho dentro do seu código pessoal de crenças. Eu sorriria agradecido e pronto. Entendo que meu ateísmo é exclusivamente pessoal, fruto de experiências e leituras que só têm significado para mim e responde a questões limitadas ao meu universo. Jamais faria palestra em defesa do ateísmo. Nunca compartilhei a ideia de que ser ateu melhora ou piora o mundo. Ateus e religiosos podem ser éticos ou canalhas, como encontrei muitos em todas as torcidas físicas e metafísicas. Sou contra a intolerância dos sistemas que querem impor fé a todos ou dos regimes que tornaram o ateísmo obrigatório e perseguiram religiosos como a URSS ou o México, especialmente após 1917. Gente autoritária é somente gente idiota, cheirando a incenso ou a razões de Estado. Gente autoritária não tem Deus ou não Deus, possui apenas um projeto de poder como meta. Acima de tudo, fundamentalistas da religião ou do ateísmo são chatos, muito chatos, insuportáveis na sua missão de levar a luz ao mundo, ou seja, mudar todos para que fiquem a sua imagem e semelhança. Se você segue o pastafarianismo, divertida crença contemporânea, nada altera sua obrigação de lutar contra o racismo ou a misoginia. Da mesma forma, se é um leitor devotado do Evangelho ou ateu, seu compromisso moral com a sociedade é o mesmo.

    Há outro preconceito muito forte entre ateus e agnósticos. Pessoas céticas em vários graus costumam achar que descartar a hipótese da fé é sinal de superioridade intelectual. A inteligência crítica confere autonomia a uma pessoa, como ensinava Kant ao definir o esclarecimento. Assim, religiosos inteligentes ganham autonomia na sua fé e ateus inteligentes ganham autonomia no seu ceticismo e passam a questionar fora de dogmas absolutos de ser ou não ser. Gente sábia não duvida para afirmar sua superioridade, mas entende que a disputa pelas almas e corpos existe entre governos oficialmente ateus e igrejas. Crer em Deus ou rejeitar a possibilidade teológica deveria sempre ser um gesto radical de entrega a uma liberdade: eu sozinho diante do Criador ou eu e minha consciência diante do mundo em si. Sou tão livre e tão preso como uma pessoa que vai diariamente à missa/culto ou que sente, genuinamente, que a récita do Pai-Nosso inunda sua vida de sentido e proteção. Certa feita, diante do espetáculo impactante de uma série de cataratas, uma amiga segredou-me que via aquilo e sentia Deus. Eu via a prova empírica de Newton e pensava em Arquimedes, mas ambos estávamos felizes e conversando, pois éramos seres pequenos diante do volume de água, do som e do impacto extasiante da cena. Gosto muito de Newton exatamente porque era um homem de fé profunda e fez um sistema lógico-científico que serve a ateus e a religiosos.

Alain de Botton escreveu um livro para que os ateus recuperassem muitas coisas positivas das tradições religiosas (*Religião para ateus*). Gosto do texto, até mais do que dos livros de Christopher Hitchens e de Richard Dawkins. Eu digo algo um pouco distinto. O religioso de verdade, aquele que carrega a ideia de um Deus criador, entende que, tendo o mesmo Pai, todos somos irmãos. Islâmicos, judeus e cristãos falam muito da regra de ouro: não fazer ao outro o que não desejo que seja feito a mim. Compartilho 100% da ideia de uma fraternidade universal, seja ela lógica, humanística ou teológica. Assim eu, ateu, me considero aliado incondicional de todo religioso, pois compartilho a mesma ideia que os devotos devem ter como guia máximo: compreensão, misericórdia, ajuda aos outros, proteção aos vulneráveis e defesa dos pobres. Há trechos a favor dos pobres na Torá, nos Evangelhos e no Corão. Eu e todos os religiosos temos o mesmo inimigo: o fundamentalista. O fundamentalista é aquele que, em nome de um suposto deus, usa seu projeto de poder para reprimir e matar. Ele é inimigo de Deus e da ciência, inimigo da lógica e da revelação, inimigo de todo ser vivo e de toda sociedade aberta. O fundamentalista (religioso, político, científico etc.) é um ser do ódio que, se tivesse filiação, seria exclusiva com a figura do demônio, nunca com Deus; com a burrice, jamais com a inteligência lógica. Eu sou irmão dos religiosos e inimigo dos que odeiam. Em resumo, se minha avó fosse viva e hoje me dissesse: "Vá com Deus", em vez de uma resposta irônica e limitada como outrora, eu reconheceria nosso vínculo e a abraçaria dizendo: "Eu também te amo, vó". Eu era ainda mais idiota quando era jovem. Graças a Deus ou à mitose e meiose das células, cresci um pouco. Que nossa vida seja muito abençoada pelas luzes da Razão ou, se preferirem, pelo Deus que deu a Razão aos homens. O importante é a luz e sempre evitar a escuridão diabólica da vaidade e do poder. Urge crer na democracia.

É Círio outra vez

Um cético na festa do Círio de Nazaré é uma contradição em termos. Fui convidado por Fafá de Belém em um almoço na casa de Maria Fernanda Cândido. Disse sim logo, meu interesse em quaisquer fenômenos religiosos é grande. Meses após o convite, o segundo domingo de outubro chegou. Era Círio outra vez.

Padre Fábio de Melo havia me antecipado várias coisas sobre a data. Cheguei curioso a Belém. Tenho longa experiência com centros marianos. Acompanhei o culto à Virgem de Guadalupe, no México. Estive em Fátima e Nazaré (Portugal) muitas vezes. Visitei Lourdes, na França; Loreto, na Itália; Luján, na Argentina; a Virgem do Pilar, em Saragoça, e muitos lugares menos conhecidos. Devoções massivas são grandes vitrinas da sociedade. Nos santuários ingressamos em um ritmo diferente, de estratos subterrâneos anteriores ao Iluminismo. Na rala camada entre o imanente e o transcendente instala-se o nicho da imagem sorridente de Maria.

O primeiro impacto para um novato na festa é a inclusão. Famílias variadas, casais homoafetivos (existe o baile LGBT da Maria Chiquita em pleno Círio), jovens, idosos, pessoas que parecem ser de classe média, homens do interior do Pará, ribeirinhos e tantos outros. Vi um grupo da Assembleia de Deus, ramo pentecostal do cristianismo que rejeita imagens, servindo água aos peregrinos, cumprindo o princípio expresso na parábola do bom samaritano: o objeto do nosso bem não pode ser sectário. Pessoas refrescam os fiéis acalorados, outros lavam pés machucados. Andar sem calçados era, no período colonial, um sinal da servidão. No Pará parece ser um símbolo de um Brasil momentaneamente igual.

Sei que o Círio, como toda grande festa, pode favorecer apropriações políticas e corporativas. A devoção estimula sonhos de poder e de arrecadação. A religião também funciona na clássica chave de opiáceo que atenua as contradições sociais e torna massas submissas e resignadas. Sim, também havia coisas assim. Isso faz parte, todavia não representa o todo.

A festa, nos seus muitos momentos (procissão fluvial, de motos, de bicicletas, de trasladação da imagem da Basílica para a Sé, de volta da imagem para seu lugar), funciona pelos seus dois grandes símbolos: a corda e a berlinda. A berlinda é o andor envidraçado que carrega a pequena e bela imagem da Virgem de Nazaré com o filho ao colo. Ali, como signo aberto, estão concentradas duas das mais fortes expressões da nossa percepção: o sagrado e a maternidade. A imagem reúne o anelo por um mundo melhor, terno, como desejaríamos a vida: tranquila e florida. Maria de Nazaré é a utopia do possível. Na cabeça dos fiéis, identificamos livros escolares (agradecendo a conclusão dos estudos?), casas de madeira (obtenção da casa própria?), barcos em miniatura e ex-votos que trazem as vidas em mosaicos para serem unidos pela Virgem Mãe. A Senhora é um ponto de fuga, aquele local áureo da pintura clássica do qual saem todas as linhas que marcam as distâncias na tela. Cada um atrai a linha para si a partir da sua realidade. Muitos pais trazem crianças vestidas de anjo. Expressam o mais forte sonho de todo mundo que gera uma vida: que nada de mal aconteça aos seus filhos. A pequena estátua concentra os impulsos positivos e desejos de dois milhões de pessoas ali.

O primeiro símbolo, dissemos, é a berlinda, foco e centro da festa. O segundo é a corda bem firme em milhares de mãos. O povo é unido milimetricamente. Fafá ensinou-me que, para não se machucar no "mar de gente", é preciso não resistir, não firmar com dureza os pés, pois a resistência pode ser perigosa. O segredo é deixar-se levar, dócil e parte de todo, ondulando, sendo guiado e guiando, átomo da correnteza humana que pulsa com um olhar e um coração. Fiquei impressionado: a massa empurrava em fluxo e refluxo, sem pânico, sem gritos. A emoção e o calor provocaram alguns desmaios, rapidamente atendidos por uma equipe extraordinária. Nunca havia visto tanta gente sem se machucar, emulando no andar quase guiado a docilidade que a alma deveria ter com o Criador, com o fiel que se deixa conduzir pela Divina Providência. Com os corpos, eles vivem o segundo pedido do Pai-Nosso: "Seja feita a Vossa vontade". O oceano humano ondula, aperta, empurra e avança em direção ao destino. A corda une à mãe, como sinuoso cordão umbilical, canal de vida e de dependência total. O grosso fio vira relíquia: retalhado, partido, multiplicado com seu efeito protetor em bolsas e carteiras, um pedaço material de tudo aquilo que foi vivido. Recebi um pedaço dado por uma fiel.

Li quase todos os clássicos sobre análise religiosa e Antropologia do Sagrado. Lanço meu olhar cartesiano sobre procissões há mais de 30 anos. Tudo pode ser compreendido, porém, algo escapa porque o todo é imensamente maior do que as partes somadas. Talvez isso tenha feito o ateu chorar ao ver a berlinda, memória da minha antiga devoção mariana, melancolia da infância, evocações do luto materno: Freud e Lévi-Strauss sussurram algoritmos no meu ouvido; meus olhos teimam na emoção ancestral de pertencimento. O povo do Pará anda, canta e chora. Belém volta a ser local de nascimento da salvação pessoal, ali na Amazônia, como foi na cidade de Davi. E como somos humanos, frágeis, tolos, vaidosos e violentos, no ano que vem, Nazinha terá de desfilar de novo.

O ponto final

Cada vez mais os vivos são comandados pelos mortos, pensava o positivista Augusto Comte. A frase do francês é uma aposta no peso do passado e na influência de pessoas pretéritas sobre o presente. Novembro é dedicado às almas na tradição católica. O feriado de Finados abre a reflexão do penúltimo mês do ano.

Existe uma história do cotidiano e das atitudes humanas que é muito rica. O fato de que você não gostou muito do tema Finados é mostra de uma tanatofobia, uma aversão à morte, marca do nosso tempo.

Não velamos parentes em casa, como era hábito. Jovens raramente vão a cemitérios ou a ritos fúnebres. A morte foi tornada asséptica, distante, hospitalar, isolada e clínica, nunca social. Luís XIV agonizou com muitas testemunhas de Versalhes. Hábitos antigos como máscara mortuária, recolher as últimas palavras ou até o curioso caso do último suspiro de Thomas Edison pertencem ao passado. O corpo morto inspira medo a muitos. Muito antes da atual aversão ao cadáver, os judeus já tinham o saudável hábito de deixar o caixão fechado. A intimidade da morte e do corpo pertence ao indivíduo. Por falar em judaísmo, tenho uma grande amiga racional cética, mente mecanicista absoluta. Ao sairmos juntos do cemitério judaico para o rito fúnebre do pai, ela me pediu que parasse em uma banca de jornais na volta. Pensei: "Como alguém pode pensar em comprar jornais após perder o pai?". Só depois ela me explicou o real motivo: não trazer do cemitério o "anjo da morte". A paradinha era estratégica. Questionei: "Você não era cética?". Ela consentiu com a cabeça e disse que não queria mais tocar no assunto. Cultura é anterior à dúvida.

Somente a partir do século XIX surgiu o hoje decadente hábito de frequentar cemitérios prestando homenagens aos entes queridos. Os cemitérios judaicos são, muitas vezes, marcados pela igualdade tumular. Os islâmicos evitam colocar o nome do ocupante para reforçar o interdito a quaisquer idolatrias fúnebres. Os cemitérios católicos são explosões de criatividade. Podem ser peças de requinte artístico extremo, como o Campo Santo de Gênova, o mais impactante cemitério que já visitei. Em lugares de enterros podemos acompanhar a ascensão e a queda da riqueza de uma localidade, como vemos na região da outrora próspera cultura cafeeira do vale do rio Paraíba do Sul. No apogeu cafeeiro do XIX, abundam mármores importados e estátuas de bronze para o repouso dos barões da rubiácea. Quando o café migra para São Paulo e o modo escravista entra em declínio, os mortos acompanham o despojamento crescente dos vivos. Os rituais funerários são documentos ricos, como vemos na clássica obra *A morte é uma festa*, de João José Reis.

A morte empobreceu muito. Mesmo para falecidos abastados, hoje, não há carpideiras, banquetes fúnebres, carruagens com veludo negro ou cavalos com plumas escuras a desfilar solenes pelas ruas da cidade. A morte deixou de ser uma festa e a lotação dos cemitérios no Dia de Finados é geracional. Em vinte ou trinta anos, é coerente vaticinar que aqueles lugares pertencerão, exclusivamente, aos mortos.

Os ritos tradicionais católicos envolviam a invocação de São José, padroeiro da "boa morte". Por quê? José morreu ladeado por Jesus e por Maria, a companhia mais sublime para a passagem. Também era comum o nome do arcanjo Miguel que venceu o demônio. Católicos usavam o escapulário da Virgem do Carmo para garantir o fim com assistência sacramental. A morte santa e serena era também a promessa do Sagrado Coração de Jesus a Santa Margarida Maria Alacoque. As igrejas coloniais eram, muitas vezes, irmandades que tinham a obrigação de cuidar do enterro cristão de seus membros. A arquitetura barroca de Minas Gerais é composta, quase toda, por igrejas de irmandades da "boa morte". A grande preocupação era "ter onde cair morto", vestido com o hábito de um terciário franciscano ou carmelita, garantidas missas solenes para o descanso eterno. O mundo do Purgatório, a grande invenção da Baixa Idade Média segundo o historiador Le Goff, era um elo entre vivos e mortos. As orações dos vivos poderiam diminuir a pena dos defuntos. Era inútil rezar pelos habitantes do Céu ou do Inferno, ambos definitivos e imutáveis. O Purgatório era um canal aberto entre o aqui e agora e o além. Fora do catolicismo, muitas vertentes cristãs achavam ímpia a ideia de ficar rezando pelas almas, pois o juízo de Deus era perfeito e não poderia ser influenciado pelas súplicas dos fiéis. Apenas no livro dos Macabeus na Bíblia, não aceito como inspirado por Deus por grande parte da Reforma, surge a oração pelos mortos. O judaísmo clássico nunca elaborou muito a ideia de vida após a morte. O catolicismo chegou ao máximo da imaginação com a obra de Dante Alighieri.

Novembro é mês de pensar na finitude. A pergunta que não quer calar: o que você precisa fazer antes de morrer? O que completaria sua obra biográfica?

O conforto da crença

Admiro quem tenha certeza de alguma coisa. Exemplo? Na minha convivência longa na Igreja Católica, ouvi de fiéis a certeza feliz de que pertenciam ao grupo religioso mais correto. Uma freira me disse que tinha uma pena genuína dos luteranos que jamais tocariam a verdade ou nunca teriam direito à salvação. Parecia o princípio antigo que vai de São Cipriano de Cartago até o papa Bonifácio VIII: "Fora da Igreja não existe salvação" (*"extra ecclesiam nulla salus"*).

Admiro a convicção, apesar de certo incômodo com ela. O ser que não conhece perspectiva ou relativismo é, aparentemente, mais feliz. Um dono de restaurante em Bolonha me disse, há muitos anos, que a comida da Emília Romana era a melhor da Itália e que todo o mundo reconhecia isso. Descobri que cada restaurante das outras regiões repetia o princípio, mudando apenas um detalhe na frase: Calábria, Piemonte, Vêneto etc. Haveria dúvida na voz da mãe que diz que seus filhos são os mais bonitos do mundo? Ela conseguiria desenvolver a ideia: são belos para mim que os amo, porém, poderiam ser feios aos olhos de outras pessoas?

Meu grande Dostoievski dizia, em *Irmãos Karamazov*, que gostamos de trocar o voo livre pelas certezas contidas em gaiolas. A convicção plena não encontra boa acolhida na Filosofia. O pensar filosófico é filho da dúvida metódica clara e bem dirigida. Estudiosos da metodologia científica, como Wolfgang Stegmüller, chegam a sugerir que a própria noção de Verdade é objeto da Teologia, nunca do pensamento racional e metódico da Ciência. Em muitos autores, existe um tom irônico sobre a certeza absoluta.

A entrega a uma convicção desse porte parece ser um recurso eficaz contra a agrura da dúvida. O relativismo incomoda muita gente. As convicções, especialmente as bipolares, constituem uma zona de conforto extraordinária. O exame profundo e psicanalítico costuma derreter monólitos de basalto, convertidos pela dúvida em *icebergs* minguantes à deriva. Lembro-me de ter conversado com uma amiga que anunciava, orgulhosa, a dedicação total a sua mãe na doença derradeira. Sim, todos os fatos indicavam um traço de amor irreprochável. Comentei, de leve, que ela deveria explorar a hipótese de sentir uma culpa enorme ou uma raiva denegada pela mãe, fatos que justificariam tanto empenho. Nossa amizade não progrediu muito depois daquela conversa. Para mim, quase tudo contém seu contrário. A mais sólida castidade pode ser vista como uma obsessão lasciva. A calma sobranceira de alguns parece máscara forte para um vulcão interno sempre contido. Temos a sombra em nós e isso não é demérito, apenas o humano do qual ninguém escapa. Não existe pureza total, apenas inconsciência.

Quando trabalho o relativismo de algo, costumo ouvir na internet a acusação: "Sofista!" Quando estou tomado por paciência celeste, pergunto se a pessoa explorou o que nos sobrou das obras de Protágoras ou se prefere excertos de Górgias para chegar a tal classificação. São textos complexos e sempre desejo saber do acusador seu lastro de conhecimento sobre os sofistas. Quase sempre os nomes dos filósofos e das suas ideias são ignorados, pois a pessoa, que pouco ou nada leu, tem a certeza de que "sofista" é um insulto. Desconstruir um argumento pelas contradições reveladas da própria pessoa nas respostas é uma parte do método socrático, que, aliás, era crítico dos sofistas. Há muita gente que insulta e poucos que enfrentam o lento progresso da leitura e do raciocínio.

Entendo a reação de muitos ao relativismo ou, pelo menos, a observar rachaduras no edifício da certeza. As convicções foram edificadas exatamente para defesa e não para a busca de um pensamento mais denso. É contra o pensamento científico que as afirmações enfáticas crescem. Complexo entender a definição de Einstein sobre o que seja ciência: o estado atual dos nossos erros. A dúvida incomoda muito e, não obstante, dela nasce quase toda transformação científica ou de valores.

Onde termina qualquer relativismo? Tenho repetido há décadas: termina nos valores básicos da convivência dentro da lei e da ética. Exemplo: racismo, pedofilia, misoginia e homofobia não podem ser relativizados. Nunca poderei afirmar: "Fulano é pedófilo, mas é o jeito dele e temos de respeitar". Estamos falando de crimes, de falta de inteligência e demonstração de incapacidade social. A pessoa que exclui outra da dignidade humana, do respeito e da diversidade como valor pode ser interpretada pela Psiquiatria, nunca relativizada pelas Ciências Humanas. Posso tentar explicar, jamais relativizar.

O convicto escapa de tudo. Na Terra e no Céu, as certezas embalam seu sono dogmático e acalentam a vaidade travestida de investigação. A certeza cumpre o papel desejado e deita raízes sobre o solo dando referências eternas. "Estou no melhor país do mundo, meu Deus e minha igreja são corretos, meus filhos são os mais belos e inteligentes." Emolduro as certezas e decoro as paredes do meu *bunker* individual, resistindo ao vento da crítica e às agruras do relativismo. Seriam felizes tais seres?

A medida das coisas e do Natal

O homem é a medida de todas as coisas, proclamavam antigos sofistas. A frase pode ser entendida como própria do antropocentrismo clássico, porém foi criada como uma defesa do relativismo. Se somos a única medida, valores como felicidade e tranquilidade dependem de escolhas de nossa consciência individual.

A medida das coisas começa no microscópico. O homem a minha frente no avião dá "ré no muco". Puxa, com duvidoso prazer, secreções internas com ruído gutural. Fico enojado com meu café na mão, no ar, em dúvida, se continuo tomando ou viro o líquido quente sobre ele. O quinto mandamento inclui gente, digamos, desasseada? Eu poderia determinar todas as coisas, especialmente as que me perturbam? É aqui que Protágoras é colocado contra a parede.

Pessoas falam alto ao celular. Somos informados de detalhes das suas vidas fascinantes. Problema auditivo ou formativo? O casal no cinema comenta cada cena do filme e come pipoca como refugiados do Holodomor. O balde de refrigerante lembra o mar de bronze do Templo de Salomão. A ingestão dos galões do líquido industrial provoca idas ao banheiro a cada suspiro dos atores na tela, passando, claro, pela minha frente. Eu estou ali, silencioso, tentando ver o filme. O mesmo "Não matarás" abarca suínos e casais inconvenientes?

O grande exercício de sabedoria, seguindo a frase inicial, é dar a cada coisa pequena seu ínfimo lugar no painel da preocupação. Terei a liberdade para não me irritar? Voltaire faz pergunta similar sobre minha liberdade ou não em ouvir um canhão que espoca ao meu lado.

Tento melhorar. Anseio pelo Natal, por exemplo, como festa familiar, íntima, de baixar a guarda e se entregar ao momento. Boa comida, rostos conhecidos há décadas, alegria de um grupo historicamente próximo e que pouco se encontra. Como eu vivo em conversas sociais e profissionais, eis a chance de uma noite sem retórica e uma ocasião para ser apenas eu... Perfeito? Não! Há um Karnal namorando alguém e a namorada tem pais que ficariam sozinhos e a família dela tem mais pessoas que ficariam desoladas e a casa é grande etc. etc. Em resumo, mais um Natal com necessidade de crachá de identificação e contatos formais que, com chance enorme, não estarão no próximo evento de final de ano da família. Sou bom em conversa formal fluida, apenas considero isso trabalho.

De novo, um grau leve de sabedoria implica não estragar uma ocasião especial por um detalhe menor. O grau ninja *advanced* seria nem considerar o inchaço da lista uma questão relevante. Natal é inclusão e misericórdia, abertura de coração e entrega ao clima celestial. Repita a frase anterior cem vezes antes da sua festa familiar. Pode ser que dê certo. A contradição é: se eu posso blindar toda minha percepção dos contratempos, se consigo não dar ao outro o poder de me irritar, se tenho o dom de não me abalar com o complexo convívio humano, a pergunta que vale um milhão é... por que eu preciso do convívio humano?

Claro: não basta retirar energia do que possa ser ruim. Fórmula boa e antiga: devo focar no que será bom. O que é substantivo? O Natal vivido em família. O que é adjetivo? Detalhes menores, obstáculos, uma tia deprimida, casais desconhecidos perambulando pela festa, repetição de piadas e outros detalhes. O homem é a medida de todas as coisas e a Terra pertence aos homens de boa vontade na data do nascimento de Jesus. Outra frase para você ter repetido com força durante todo o advento.

Sinto que existe uma memória feliz e algo melancólica de outro momento. Houve uma família Karnal em que os quatro filhos eram crianças sem crianças, sem noras e genros, sem anônimos, sem ninguém diferente do que houvera sido aquela mesa ao longo de todo o ano. Naquele espaço tornado mágico pela memória, a abundância e a harmonia eram sanguíneas, intensas. Talvez não fosse, mas não sabíamos avaliar o custo da festa e cansaços de organizadores. Eram cornucópias de comida, presentes em grandes quantidades e éramos, os filhos, atores sem ônus de produção, vivendo e vendo a peça do auto familiar. Seria essa a falta que eu sinto, de infância diáfana. O adulto pesado suspira pelo infante leve. Não podendo culpar nada ou ninguém, transfiro o incômodo para os convidados volantes, cujo olho traz o estranhamento e a distância de tudo. Há o óbvio cansaço da repetição de tudo, do desgaste das coisas que, possivelmente, farão minha conversa ficar perfeita para compartilhar com a já citada tia deprimida. Só agora me dei conta, escrevendo, que o vazio dela também é o de Natais perdidos, de famílias desfeitas, de velórios em excesso, de vozes que se foram e que continuam assombrando. Estarei virando o tio melancólico?

O homem é a medida de todas as coisas. Repetirei o *slogan* do coro celestial: paz na Terra aos homens de boa vontade. Que seja uma festa de entrega e de capacidade de acolhimento. Que seja, por decisão da minha subjetividade, algo renovado e bom. Hora de mudar minha medida para que eu seja de novo a medida.

PARTE QUATRO
Educar quem e como?

A inteligência do seu filho

Há uma preocupação forte dos pais com a inteligência dos filhos. Antes bastava amar, vacinar e alimentar. Hoje temos de estimular de consciência hídrica até desenvolvimentos de habilidades cognitivas avançadas.

Existe razão na preocupação. Por milhões de anos, o poder na sociedade foi determinado pela força física. O macho alfa hábil nas armas era o líder natural. A força física perdeu muito espaço para o poder econômico. A riqueza passou a determinar o *status* social das pessoas. Os guerreiros de outrora passaram a ser guarda-costas dos senhores endinheirados. Redefiniu-se a pirâmide social.

Crescendo rapidamente após a Segunda Guerra Mundial (1939-1945) e disparando com a revolução dos computadores e *softwares* no fim do século xx, despontou de vez o critério da inteligência. Os homens mais influentes deixaram de ser os construtores de ferrovias ou produtores de aço. Criadores como Bill Gates e Steve Jobs eram o máximo da admiração mundial e tornaram-se parte da elite dos multibilionários. O novo empreendedor é o homem das ideias novas, das rupturas de paradigmas, da criação inquieta como eixo. Considere o celular de hoje. Com que parcela do lucro fica o criador do *software*, do *design* e da inovação tecnológica? Com qual fica a fábrica na Ásia? Por fim, qual o quinhão de quem aplicou força física como operário? Ao responder a essas questões teremos a completa noção da metamorfose.

O crescimento da inteligência desperta o sinal de alerta dos pais. Será que meu filho está apto ao admirável mundo novo? Será que a escola está adequada? Por que ele não lê mais? São perguntas justas e lícitas.

Primeiramente façamos uma distinção básica. Saber dados constitui informação que pode tornar uma pessoa culta. Erudição é um treinamento que não implica muita inteligência, apenas memória e repetição. O processo leva anos, mas é mais ou menos padronizado e eficaz. A inteligência está associada à capacidade de criar, associar, comparar, inovar, relacionar e dar aos dados formais da erudição um sentido novo. Há pessoas cultas que não são inteligentes. Há pessoas muito inteligentes que não são cultas.

A busca para incrementar a inteligência dos filhos leva a crenças variadas. Não existem estudos irrefragáveis sobre o efeito da música de Mozart no quarto de um bebê. Pense: os filhos de Mozart tinham seus genes e cresceram ouvindo o pai. Ambos foram medíocres na sua produção. Imaginar que sua caixinha de música tenha efeito superior ao próprio Mozart tocando é algo fantasioso.

Porém, o ambiente tranquilo e com música pode ajudar a relaxar. Dormir bem será fundamental na formação do cérebro.

A inteligência pode ser estimulada. Ler para crianças com paixão e fantasia, levá-las a atividades culturais, estimular a criatividade, ensinar línguas e instrumentos musicais são, comprovadamente, fatores estimulantes de mais conexões cerebrais. O importante é não forçar ou tornar a leitura ou o teatro uma obrigação formal. O caminho preciso para criar ódio de um aluno por um livro é forçá-lo a ler e fazer prova. Da mesma forma, fazer um percurso de horas em um museu é caminho bom para sepultar a análise estética de um jovem ser.

O exemplo funciona bem. Pais lendo com prazer e comentando algo do que leram ou admirando um quadro especial em uma exposição é mais eficaz do que a formalidade educacional. Piaget tinha razão: o lúdico é a chave educativa mais forte.

O ponto central de toda influência é permitir que os jovens façam a vinculação afetiva com os portadores de conhecimento.

Na minissérie *Merlí* (Eduard Cortés, 2015-2018), o professor de Filosofia faz uma pergunta na primeira aula e ouve uma resposta do pior aluno, aquele que havia repetido duas vezes de ano. Ouve e elogia: você é meu aluno preferido a partir de agora. O simples estímulo intelectual refez a visão da personagem Pol Rubio, que acabará orientando toda sua carreira futura a partir desse encantamento inicial.

No melhor estilo da personagem infantil do *Show da Luna*, despertar a curiosidade científica é fundamental. Boas perguntas sobre o funcionamento das coisas e idas a museus de ciências funcionam como estratégia. Como o peixe respira debaixo da água? Por que o gelo derreteu em um copo cheio até a borda e não existiu transbordamento? Também a curiosidade sociológica e humanística estimula o olhar. Por que há pessoas dormindo na rua e nós temos quartos bons? Não se trata de moldar seu filho a ideias conservadoras ou de esquerda, mas fazê-lo perguntar, a partir de um óbvio socrático, para entender a estrutura das coisas e do mundo.

Por fim, minha querida mãe e meu estimado pai: não sejam ansiosos. Existe um tempo e hora para tudo. Não temos poder absoluto sobre as pessoas e seus cérebros. O "estalo de Vieira", a velha lenda de que um emburrado e medíocre aluno, um dia, despertou para o latim e a oratória e se tornou nosso genial padre Vieira pode ocorrer. Há muitos estalos possíveis na vida. Devemos lembrar que nem todos os pais que clamam por mais leituras dos rebentos foram exatos devoradores de livros na mesma idade. Há que se ter humildade e paciência. Se urge incluir o lúdico, é imperativo estabelecer o exemplo.

Claro: os velhos valores ainda existem: alimentar, vacinar, cuidar. O resto vai do cruzamento da maquiavélica *virtù* com a fortuna. Há algo de aleatório no interesse e no despertar da inteligência criadora. Ela pode brotar longe do solo ideal, como em Machado de Assis, e rarear em filhos tratados com todas as benesses do dinheiro.

O futuro da escola

A escola é um conceito similar ao livro, a Deus, ao teatro e à família: todos tiveram sua morte anunciada muitas vezes. A profecia revelou-se prematura. A morte de Deus era debatida no século XIX. O fim do livro foi anunciado como um fato na última década do século XX. Eis que livros sobre Deus vendem muito e os detratores de ambos envelhecem e morrem.

Profecias fogem à competência do historiador. Mal conhecemos o passado, inútil tentar desvendar o futuro. Não posso analisar algo que não ocorreu, porém, é viável indicar tendências que podem vir a ser. Exemplo banal: o envelhecimento sistemático de quase todas as sociedades urbanas indica a possibilidade de a geriatria crescer mais do que a pediatria em futuro próximo. É um indicativo a partir da curva atual. Tudo pode mudar em poucos anos. Exporei tendências de uma nova escola que trabalhará com o aluno do século XXI e que, provavelmente, chegará ao século XXII. Vou elaborar apenas cinco por causa do espaço.

Primeira tendência: os aparelhos conectados generalizam-se rapidamente. Todo celular inteligente torna-se um HD externo da memória humana e não parece que isso diminuirá. Assim, a evocação/repetição deixou de ser um foco de aprendizado. Isso tem impacto enorme sobre modelos de aprendizado e avaliação. O treino educacional será guiado para, frente a um mar de dados, aprimorar nossa capacidade de usá-los e classificá-los ao mesmo tempo que rejeitamos *fake news*. Toda avaliação deverá orientar-se por problemas. Analisar e selecionar dados da rede para enfrentar perguntas ainda sem resposta é o novo modelo. Muitos acham que *tablets* e engenhocas piscantes constituem a escola moderna. Não! O nazismo introduziu projetores profissionais nas escolas alemãs. Computadores não modernizam nada. Computadores podem ser ferramentas úteis para ajudar a responder a perguntas boas. A modernidade é o projeto pedagógico-filosófico, não a internet ou telas luminosas.

Segunda: a escola do futuro precisa desburocratizar-se. Parte fundamental do esforço do professor é preencher cadernetas, lançar notas, organizar tabelas e relatórios. Esses procedimentos podem ser, muitas vezes, automatizados. O tempo que se perde com uma chamada é espantoso! Os profissionais da educação devem ser mais livres para educar. O treino para ensinar é árduo e mais desafiador do que preencher quadrados. Não se deve ocupar todo o tempo do médico, do professor ou do engenheiro longe da atividade-fim. A tecnologia pode servir de ferramenta para registrar presença ou digitar notas e calcular médias e reservar ao humano aquilo que somente o humano pode realizar.

Terceira: a educação a distância, os módulos instrucionais via internet e orientações não presenciais estão crescendo. Ensino com vídeos ou grupos de discussão vão se expandir. O fim da escola? Não, apenas a perda do fetiche presencial. Ensinando por vídeos gravados ou ao vivo, gravando coisas e recebendo textos e trabalhos por e-mail, o professor continua indispensável para elaborar materiais, atuar e avaliar. Perde-se algo, sim: a sociabilidade na escola é muito importante para a educação integral do indivíduo. Teremos de achar alternativas, pois o prédio-escola parece estar nos estertores. Conseguiremos separar o que é substantivo e adjetivo na educação?

Quarta: o autoritarismo em sala é insustentável. A concepção disciplinar prussiana que marcou muitas escolas era fruto de um esforço para domesticar cidadãos, produzir soldados e bons operários. O autoritarismo centralizado no professor não pode conviver com novas necessidades, plataformas e tecnologias. A autoridade, a capacidade de um professor-coordenador-diretor ter a técnica e o conteúdo que melhor sirvam ao grupo, é sempre essencial. A autoridade do professor deriva do seu preparo e de que ele, em última instância, serve a todos os alunos e por isso não pode permitir que um atrapalhe. O autoritarismo serve ao professor ou ao coordenador. A autoridade serve a todos. Importantíssimo: jamais substituir o velho autoritarismo de professores pelo autoritarismo de pais ou imperativos derivados do aluno-cliente no sistema privado.

Quinta e última: em um mundo de opiniões subjetivas derivadas de um "achismo" crescente, a escola sempre será o lugar do treinamento científico e metódico para reunir argumentos que superem meras convicções. Em vez de indicar posição A ou B, ao professor sempre caberá o ensino de argumentação para elaboração de ideias embasadas. A era do pensamento único nunca foi muito eficaz e está em crise mais profunda hoje. Aprender a conviver com a diferença é uma tarefa da escola agora e por todos os séculos dos séculos, amém. A escola deverá enfatizar a capacidade de raciocinar e de ouvir.

Ela não morreu e não morrerá. Em um mundo que buscará mais a inteligência do que o capital ou a força física, o futuro de quem ajuda a pensar é brilhante. O papel da educação tenderá a crescer, porém distante dos padrões atuais. Criatividade, metodologia de argumentação, expressão oral e escrita, raciocínios ponderados e capacidade crítica pavimentam a estrada do futuro. A velha escola morrerá sem muita vela ou flor. A nova será construída pelo nosso esforço de educadores, diretores, coordenadores, alunos e pais. Há um caminho aberto para a escola de amanhã. Tudo pode e deve ser repensado.

Como estudar

Querida Camila Karnal, você me perguntou sobre método de estudo. Tenho algumas indicações que podem servir. Examine se servem para você, pois nenhum sistema é universal. Todas as indicações devem ser testadas e avaliadas no seu universo e adaptadas a suas metas.

A primeira pista é a regularidade. O cérebro responde à rotina com entusiasmo. Se puder, estude sempre nas mesmas horas, acordando no mesmo horário e no mesmo lugar quando possível. Nunca deixe para estudar "quando der vontade". Estudo não precisa de inspiração, vontade ou dia propício. Somente crianças imaginam que o prazer seja a única causa da ação. Adultos sabem que devem fazer para colher mais adiante.

Foco é tudo. Nunca se pode estudar com fonte de comida permanente por perto, janelas que se abrem para paisagens interessantes. Você deve estar suficientemente confortável para não pensar em partes do corpo sendo machucadas e suficientemente focada para não dormir. Sempre e acima de tudo: não é possível estudar com celular anunciando mensagens. Marque horários para ver seu oráculo eletrônico e não controle a hora pelo celular: senão, não funciona! O maior inimigo da concentração é o seu *smartphone*. Quem não quer estudar deixa o aparelho acessível. Quem deseja focar com sucesso tranca em gaveta longe do seu ambiente de trabalho.

Um bom estudante é alguém metódico, focado e que tem clareza madura sobre o que deseja. Aqueles que não têm tais valores irão abordá-la com convites e desestímulos. Fuja deles.

Concentração é treino. Se você conseguiu meia hora de leitura plenamente atenta, vá aumentando aos poucos. Se sentiu fraquejar a compreensão, levante-se, lave o rosto, respire e volte. O uso de recursos como café deve ser moderado. Água ajuda a manter o corpo bem e os intervalos para o banheiro são pausas boas.

Estabeleça metas ambiciosas e reais para seu estudo. Qual o tempo de que você dispõe? Qual o volume de coisas? Tenha diante de si sua meta escrita e colocada de forma visível: a prova, o concurso, o semestre, o trabalho.

Existem muitos tipos de retenção de informações, querida Camila. Algumas pessoas precisam escrever e fazer esquemas. Outras usam marcadores de textos. Há pessoas que necessitam falar em voz alta o que estão estudando. Explicar para um colega de estudo funciona, ainda que o estudo seja sempre um ato solitário. Revisar em grupo (se for turma focada) é estimulante.

Fique atenta ao seu ritmo. Em qual momento começa a decair o foco? Quando está lendo e já não se lembra do que viu segundos atrás? É hora de uma pausa. O intervalo pode ser muito breve ou mais longo. Não ignore seu cansaço, porém não seja escrava de cada bocejo dado. De novo: atenção depende de treino.

Se algum problema a aflige antes de começar a estudar, escreva em um papel e o coloque de lado. É uma técnica para pensar naquilo depois.

Faça esquemas, listas de conceitos, frases importantes, ideias centrais emolduradas com cores e vá constituindo folhas organizadas. Pode parecer antigo, mas no caso de estudo é melhor fazer a mão, pois reforça a retenção e compreensão. Alguns estudos mostram que usar lápis ajuda ainda mais a reter o estudado do que se usarmos caneta. Talvez seja exagero. O importante, reveja muitas vezes o que escreveu. Varie: fale em voz alta, reescreva, repita, imagine melodias para os textos e conceitos e todo recurso que você considerar válido.

Estudar é para gente amadurecida. Se você precisa de alguém mandando ou estimulando, verificando ou cobrando, ainda não chegou lá. Você estuda porque isso vai transformar sua vida, vai lhe abrir horizontes e portas e irá desenvolver o seu potencial. Estudar é um prazer, acima de tudo, mas para chegar ao patamar do prazer (como com a musculação ou a dança clássica) é preciso suar um pouco e até enfrentar alguma dor. Os franceses chamam de "gosto pelo esforço" a essa determinação: *"goût de l'effort"*.

Eu descrevi ambientes ideais. Nem sempre dispomos deles. Seu avô estudava línguas com listas de palavras no ônibus a caminho de Porto Alegre. Conservei algumas com palavras em latim e inglês que ele ia memorizando no transporte. Temos de intensificar o resultado aproveitando muito. Depois de alcançar suas metas diárias e semanais, relaxe, saia com amigos, namore, caminhe e respire. Equilíbrio é fundamental. Esperar demais da máquina cerebral leva o motor a ter problemas estruturais. Não forçar nada faz do estudo algo ineficaz.

A força de alguém que sabe o que quer é avassaladora. Em um mundo de gente seguindo impulsos variados e cedendo a obstáculos imediatos, a dedicação intensa brilha como um diamante puro. Não importa muito o que você será em dez ou vinte anos. Há muitos destinos possíveis, todos passam pelo esforço do estudo. Aquilo que você investir nessa fase de formação é puro e líquido lucro a colher depois. A Camila de 2035 se voltará, saudosa e agradecida, à Camila de hoje. Você precisa acreditar no esforço e nunca desistir. Em um sábado à tarde ou domingo pela manhã, estudando sozinha e tendo recusado muitos convites, você terá demonstrado que seu projeto de vida vai além do fim de semana. Agora, releia tudo que escrevi, adapte à sua realidade e mude à vontade. Tudo é relativo, menos a história de afastar o celular.

PARTE CINCO
O universo cultural

Arte, pompa e circunstância

Há uma relação complexa entre os fatos objetivos e o mundo da criação artística. A tentativa de associar, por exemplo, o Barroco do século XVII à prolongada crise econômica e política daquele momento é, em geral, problemática. Examinando caso a caso, a ligação automática entre a historicidade que cerca o artista e sua obra – o binômio causa-efeito entre o criador e sua época – é, quase sempre, pouco clara.

As exposições universais, especialmente as de Paris (1889 e 1900), são tidas pelo senso comum como um momento de intenso otimismo. Não obstante, há muita arte, filosofia e literatura de pessimismo brutal. Isso emerge claramente em quadros como *O grito*, de Munch, em quase toda a obra de Van Gogh, no filósofo Nietzsche e até em Gustave Le Bon (*La psychologie des foules*). Otto Weininger escreveu o pesado *Sexo e caráter* e suicidou-se logo depois (na casa que fora de Beethoven, em Viena). Fora do circuito mais conhecido, pintores como Beckmann, Hodler, Alfred Kubin, Ensor e tantos outros quase impossibilitam falar em *Belle Époque* artística. Em meio a tantos pensadores e criadores com a tônica *"noir"*, as potências europeias estavam no apogeu da riqueza e influência imperialista. Paris remodelada brilhava e Londres era a cidade mais rica do mundo.

Vamos ao vício preferido do historiador: o caso concreto. No dia 6 de maio de 1527, Roma foi invadida e saqueada pelas tropas do imperador Carlos v. A cidade viveu momentos de terror. As obras da basílica de São Pedro foram transformadas em estrebaria pelos mercenários do Império Habsburgo. Tesouros foram saqueados em larga escala. Ao visitar a Stanza della Segnatura, no Vaticano, um professor de arte italiana mostrou-me um vandalismo do qual eu nunca ouvira falar: a palavra *"Luther"* ("Lutero") feita a canivete sobre o afresco de Rafael (*A disputa do Santíssimo Sacramento*).

No caos do Saque de Roma (*Sacco di Roma*), o papa Clemente VII refugiou-se na fortaleza-castelo de Santo Ângelo. A Guarda Suíça viveu um dos seus momentos mais heroicos na defesa do bispo da Cidade Eterna. Com o sacrifício da maioria dos guardas na retaguarda, Clemente pôde correr pelo *"passetto"*, a estreita via na muralha que une o Vaticano a Santo Ângelo. A guarda papal retirara das tropas invasoras o prêmio mais valioso: o resgate pelo sequestro da mais alta figura da hierarquia católica. Refugiado no antigo mausoléu de Adriano, Sua Santidade assistiu de camarote aos incêndios e violências que se prolongaram bastante. O imperador Carlos v, rei do país de ortodoxia total, neto dos reis católicos (Fernando e Isabel), inimigo dos luteranos que atacavam a Igreja de Roma e que morreria em um convento como frade, oh! escárnio supremo, acabava de desferir uma coronhada na testa do papado. Sejamos justos em distribuir contradições: até o poderoso cardeal Pompeo Colonna, inimigo jurado do Santo Padre, estava entre as tropas invasoras.

O chamado Renascimento já tinha sofrido dois abalos com a morte de Leonardo da Vinci (1519) e Rafael (1520). A Reforma religiosa ao norte dos Alpes trouxera as guerras de religião e ambas ajuntaram mais nuvens densas no céu claro do otimismo que havia dominado o século anterior. O Saque de Roma seria mais um choque para o mundo do equilíbrio, de simetria e das proporções áureas que a península itálica vivia havia muito. Sim, foi um incidente de forte impacto, mas não foi o primeiro. Já há sintomas de reversão de um *zeitgeist* com a morte de Lorenzo de Médici em 1492 e, acima de tudo, com o início das guerras na Itália, em 1494. A península observava o óbvio: já não era uma grande *player* no jogo internacional. Ser a herdeira de Roma não garantia mais nada. O equilíbrio precário das cinco potências (Veneza, Milão, Florença, Roma e Nápoles) e seu mosaico de ducados e repúblicas estava rompido havia muito. Até o austero Erasmo ironizaria, um ano depois do saque, o provincianismo pretensioso dos italianos na obra *Ciceronianus*.

É tentador usar os episódios para explicar as raízes do Maneirismo, a mudança na arte que traria os nomes de Pontormo, Bronzino, Beccafumi, Giulio Romano e Parmigianino para o primeiro plano da criação artística. Mesmo um gigante do Renascimento, o *"il divino Michelangelo"*, que sobreviveu muito mais do que seus antigos rivais de Roma e Florença, seria atingido pela *terribilità*. Entre o teto da Capela Sistina que ele pintou entre 1508-1512 e o afresco ao fundo (*O Juízo Final*) terminado em 1541, há uma transformação radical. O homem Adão sendo criado por Deus na primeira etapa dá lugar a uma humanidade com medo, acabrunhada pelo cumprimento da profecia do capítulo 25 de Mateus. A trilha sonora dos afrescos do teto seria um madrigal do Renascimento. A música-tema do Juízo Final era o terrível "Dies Irae", com letra que promete fogo e destruição acompanhados de um juiz implacável que condena muitos à danação eterna. Entre um e outro momento, estava o Saque de Roma.

"Eu sou eu e minha fortuna", teria dito o filho de Carlos v, Filipe II. Ortega y Gasset adaptou a ideia para "eu sou eu e minhas circunstâncias", querendo mostrar um cruzamento entre uma certa estrutura da consciência e uma mutabilidade a partir de fatores circunstanciais. Inegável que a arte contenha os traços das circunstâncias no momento da sua produção. Reduzi-la a um espelho de biografia ou de uma crise econômica é deixar de pensar no ato criador em si. No fundo e sempre, a centelha artística guarda um mistério elevado e impenetrável. Sim, o Saque de Roma causou uma cesura na consciência europeia. Ninguém pode negar isso. Porém, lembremos sempre, muitas cidades do mundo foram saqueadas e destruídas com igual ou maior violência. Da maioria só emergiram dor e ruínas. De Roma continuou fluindo muito fogo criador. Há algo no fato, há algo anterior ao fato e há algo que transcende o fato em si. O resultado da complexa combinação é chamado de... arte.

PS.: agradeço aos meus amigos Flavia Galli Tatsch e Luiz Marques Filho o debate sobre as ideias do artigo. A erudição de ambos abre muitos horizontes para meu crescimento intelectual.

O mundo como teatro

Faz mais de 400 anos que ele morreu e seu nome ainda causa comoção. No refeito teatro Globe, em Londres, os guias recitam trechos e explicam a estrutura do recinto aberto para um grupo acostumado com palcos italianos. Na abadia de Westminster, seu monumento funerário (sem seu corpo) é o que causa mais desejo de violar a norma de não fazer fotos no interior do espaço sagrado. Em Stratford-Upon-Avon tudo gira em torno da memória do autor. Estamos falando de William Shakespeare.

Uma das coisas que mostram o poder e a longevidade de uma obra é quando o nome se descola da obra. Olhando para turistas comprando xícaras com o Bardo, bustos de resina, latinhas de chá com personagens e outros cacarecos, fico a supor se cada pessoa que adquire um item é um leitor contumaz ou um consumidor de "aura". Sim, o poeta tem a luminescência que se transforma em valor de mercado. Como acontece com Nietzsche ou Freud, há mais citadores do que leitores.

Não amanheci ranheta: acho válido todo afeto. Existem pessoas que amam William Shakespeare porque viram um bonito filme. Muitos comentam sobre as versões de Franco Zeffirelli para *Romeu e Julieta* (1968) ou *Hamlet* (1990), com Mel Gibson. Há os que viram *Shakespeare apaixonado* (John Madden, 1998), uma fantasia bem elaborada sobre o autor. Existem os amantes de máximas: "ser ou não ser" (a frase mais difundida de toda a literatura) ou a que intitula a crônica, retirada da peça *Como queiras*: "Todo mundo é um teatro". Pílulas curtas de Shakespeare ainda têm sabor do gênio.

Toda aproximação é válida. O homem de Stratford riria da sisudez dos especialistas. Justamente ele, feliz com sua sexualidade sem barreiras, capaz de conviver bem em tabernas daquele lado licencioso do Tâmisa no qual atuava e, igualmente, buscar apoio de nobres e da Corte. Um homem das massas, um namorado que engravidou a amada antes do casamento, um pai distante, um empresário de sucesso, anglicano porque assim era correto, mas simpático ao catolicismo dos avós, um autor de formação medíocre, pena talentosa, capaz de ressignificar enredos alheios e torná-los mais interessantes. Um criador de peças que dava pouca atenção ao que o grande Aristóteles preconizara. O Bardo nunca deve ter lido o filósofo. Um inglês que nunca saiu de uma área bem restrita da Inglaterra e que era capaz de viajar pela Roma antiga, pela Grécia, pela Itália, pela França e pelo mundo mágico de ilhas com duques exilados e fadas envolvidas com flores encantadas. Um homem que repetiu asneiras do seu tempo sobre os judeus e as mulheres e que, apesar de tudo, lançou um olhar original e inteligente sobre a espécie humana.

Um ser livre, ambicioso financeiramente, misturado em todas as tradições e contradições do fim do século XVI e do início do XVII. Uma alma peregrina capaz de conviver com a censura direta e indireta. Um signo aberto, polimorfo, defendendo para o mesmo público a sabedoria da autoridade e o valor da liberdade.

William foi um artista capaz de fazer uma coisa que é quase tabu para criadores: aposentou-se e nada mais produziu. Enquanto Monet tentava pintar mesmo cego, Beethoven, já surdo, escrevia com fúria e Nietzsche usava as últimas fibras da razão que se perdia para filosofar, ele, o grande Shakespeare, interrompeu seu vulcão criativo e foi para sua cidade natal para um final feliz e tranquilo.

Padre Vieira dedicou anos cotejando seus sermões para que sua palavra candente fosse submetida a um crivo rigoroso. Shakespeare jamais publicou, de próprio punho, o conjunto das suas peças revistas. Sobraram dúvidas sobre autoria, frases sem sentido e até a profana questão se ele era o autor da própria obra. Quando eu dava aulas em um curso de tradução, uma aluna perguntou: "Professor, como é que alguém que nunca esteve na universidade conseguia escrever tão bem?". Eu respondia que era exatamente por causa disso: sua criatividade não foi atingida pela sistematização e pela autoridade canônica dos centros de formação. A academia não atrapalha, necessariamente, a inteligência, porém é raro que seja capaz de produzi-la onde antes não se notava um raio rútilo de genialidade.

Estou escrevendo um texto sobre o *Hamlet*. Leio e tresleio a peça e penso que ela sempre tem algo novo a me dizer. Se você nunca leu, recomendo algo herético para os ortodoxos: veja primeiro uma versão em filme. Há várias, da clássica de Laurence Olivier (1948) à icônica produção russa (Grigori Kozintsev, 1964), da hollywoodiana citada com Mel Gibson até Kenneth Branagh (1996). Existe também uma versão de Michael Almereyda (2000) ambientada no mundo contemporâneo. Especialistas como

Harold Bloom acham que ganhamos mais lendo do que vendo. Eu penso que Shakespeare fez teatro e gostava do mundo vivo da cena e da imagem. Depois, quando se sentir pronto, leia uma das muitas traduções, como a de Elvio Funk ou a de Barbara Heliodora. Mas se lembre de que *Hamlet* é um monumento e, como todo monumento, pressupõe certa maturidade para a leitura.

Existe um recurso largamente usado por *best-sellers* e *blockbusters*: a tensão narrativa. Não é um recurso ruim. Grandes autores fizeram da revelação final um guia condutor que prende o leitor/espectador até o fim. A peça *Equus*, de Peter Shaffer, por exemplo, mantém a plateia especulando o motivo que levaria o jovem Alan Strang ao gesto patológico de cegar cavalos. Shaffer morreu em 2016 e, em meio a muitos prêmios e adaptação para o cinema, nunca foi acusado de superficial ou "mercadológico".

O genial Auerbach, no primeiro capítulo da obra *Mimesis* ("A cicatriz de Ulisses"), lembra que há obras que trabalham muito a tensão narrativa por meio de pontos claros e escuros. O melhor exemplo é a Bíblia, especialmente o episódio do sacrifício de Isaac no Gênesis. Outras, como a Odisseia, atribuída a Homero, interrompem a linearidade dos fatos para longas digressões. São textos formadores do Ocidente, porém opostos.

Shakespeare não tem uma clara preocupação de que o leitor fique preso pela tensão dos fatos a seguir. Muitas vezes, como no início de *Romeu e Julieta*, conta o final nas primeiras linhas: a jovem Capuleto cessará de existir graças ao amor por Romeu. Por que continuar a ver? O homem acostumado ao século XXI acusaria o bardo de *spoiler* e se retiraria.

Como Homero, Shakespeare está interessado no exercício do texto imaginativo. Sim, existe um enredo e ele apresenta lances inesperados que temperam tudo. O desencontro entre o emissário do frade e o exilado Romeu conduz ao desenlace trágico. O despertar de Julieta logo após o envenenamento do amado é um *coup de foudre* que eletriza a plateia. Porém, o central na obra é a linguagem em si, a narrativa, por vezes longa, que torna a fala consciente. A ação existe, os fatos acontecem, há atos e cenas dentro deles; a descrição, o caráter reflexivo de tudo é o que muda nossa maneira de ver e perceber.

O filme que mais seduz multidões, hoje, é aquele em que a ação é contínua e a imagem domina. Sons, músicas, reviravoltas no enredo, revelações bombásticas e sequências intensas em velocidade alta causam boa impressão no público em geral. A ação eletrizante funciona como açúcar: quanto mais colocamos na dieta, mais nos acostumamos com ele. William Shakespeare oferece uma especiaria pouco tradicional ao nosso paladar e que pode causar estranhamentos fortes.

Ler Shakespeare é, antes de tudo, ler. A frase é estranha, mas significa que não é um passatempo, algo que fazemos para superar o tédio ou preencher certo vazio. O inglês de Stratford almeja ampliar nossa consciência numa sucessão de anéis concêntricos que vão conduzindo o leitor a um choque consigo e com sua maneira de ver o mundo. Entram metáforas mitológicas, jogos psicológicos, metáforas em cadeia, metonímias, antíteses e violentas inversões de sentido. Não, querida leitora e estimado leitor, você não precisa voltar aos tempos de escola para identificar cada figura de linguagem ou recurso retórico. Basta você saber que o universo é o da representação mental cada vez mais densa.

Sim, ajuda saber que quando Hamlet, fantasiando loucura de forma teatral, acusa Polônio de ser um *"fishmonger"*, um peixeiro. Ora, Polônio é um áulico cioso da sua dignidade. Chamá-lo de comerciante de pescados é um insulto direto. Mas há outra camada no inglês. Nesse sentido, *"fishmonger"* (negociante de peixe) era eufemismo para *"fleshmonger"* (negociante de carne, cafetão). Há que se considerar que Hamlet usa a gíria para proxeneta já que Polônio está usando a filha para obter revelações sobre o príncipe. Quando em outra cena, o herdeiro de Elsinore ordena a Ofélia "[to] *go to a nunnery"*, o público sabia que a palavra implicava duas coisas: convento e prostíbulo. Assim, como Hamlet está atacando a própria ideia de amor como roteiro possível de felicidade, tanto o bordel como o convento são espaços de sublimação do amor, um pela negação do contato físico e outro pelo neutralização gerada pelo excesso. A erudição ajuda muito, e uma edição com boas notas colabora. No ato III, cena II, o diálogo do príncipe com a namorada é tomado de insinuações sexuais e palavras de duplo sentido. A tradução de Anna Amélia Carneiro de Mendonça elimina a duplicidade e torna o texto mais pudico. O público do XVI tinha menos escrúpulos e aceitava que o sexo era parte da existência.

Um filme de ação contemporâneo ou um romance da moda têm o aspecto magnético de lidar com o público-cliente. A base de tudo que é feito ali prevê a fidelização do leitor-observador. O produto precisa agradar para que você fique até o fim, leia tudo, recomende, compre a continuação e seja cativado pela franquia. Nunca achei isso ruim ou negativo. Apenas acho pouco. Ao final de um filme onde são queimados 15 carros a cada cinco minutos, você ficou atento, foi seduzido pelo som-imagem-quase-cheiro-da explosão e... perdeu uma hora e meia de vida. Nada foi acrescentado, apenas o tempo foi superado. Como toda droga, você precisará de mais explosões no próximo para obter o mesmo efeito.

Shakespeare não precisa de você, do seu dinheiro, da sua postagem no Instagram com rostinho sorridente! Shakespeare está lá como estava antes da sua bisavó existir e aqui estará quando seu tataraneto exalar o último hálito de vida. Nascido sob Elizabeth I, continua brilhando sob a segunda do mesmo nome, quase cinco séculos depois. Porém, o criador de *Hamlet* não é arrogante por ser imortal e gênio. Ele apenas diz: esse é o *Hamlet*, uma chance para você ser ou não ser, tudo depende da sua vontade e capacidade de escalar a montanha da consciência. Vai encarar?

O fim das bibliotecas?

Sempre senti o fascínio poderoso por bibliotecas. Tínhamos uma em casa, uma na escola e eu frequentava muito a Biblioteca Pública Municipal Olavo Bilac de São Leopoldo. Meu paraíso era próximo ao de Jorge Luis Borges: livros enfileirados.

Na faculdade, eu não tinha dúvida alguma: ter muitos livros era indispensável ao bom viver. Causa ainda certa espécie aos que hoje visitam minha casa que meu quarto seja decorado por uma imensa e belíssima foto de Yuri Seródio focando a Biblioteca Riccardiana de Florença. Deito e acordo com a representação de uma biblioteca. Silêncio, calma, livros, conhecimento: quase tudo é virtuoso no espaço de livros enfileirados.

Amo bibliotecas. O amor foi sofrendo golpes. Os primeiros são as mudanças. Cada vez que troco de casa tenho de avaliar quais os livros que realmente são importantes. Como me mudei há pouco, mais uma vez tive de avaliar coisas. Um exemplo: eu tinha uma extensa coleção de dicionários de português, praticamente todos os grandes léxicos da nossa língua. Avaliei mentalmente: qual foi a última vez que abri o volume físico do dicionário? Não consegui recordar. Deixei de necessitar? Pelo contrário, não consigo escrever um parágrafo sem buscar auxílio deles. Porém, como quase tudo, percebi que só uso versões digitais, rápidas de serem acessadas. Aqueles livros imensos estavam ali, belos, imponentes, com histórias, parados e sem uso além do valor simbólico na estante. Doei todos os que existiam em forma não virtual. Mantive apenas os mais antigos, como o Dicionário Analógico do padre Carlos Spitzer.

Muitos livros com reproduções de imagens artísticas tiveram o mesmo destino. Pensei em como consigo acessar em altíssima resolução afrescos da Capela Sistina, sem que eu precise guardar aqueles volumes gigantescos com fotografias dela ainda antes da restauração. Fiz uma sessão de "processos de Moscou" com meus livros. Ao contrário de um tirano como Stalin, ao menos dei a cada um o direito de se defender. Muitos reconheceram que sua culpa não estava na alma, mas no corpo. Por qual motivo manter volumes de peso enorme, acumuladores de pó, desafiadores de todas as estantes possíveis se algo melhor e mais rápido era possível na tela? Se alguém alegar que só consegue ler em papel, deve ter cuidado, aproxima-se o dia em que não apenas os livros físicos serão descartados, mas os leitores deles, ambos, aparentemente, obsoletos.

Ato contínuo: tentei doar a colégios públicos próximos ao meu antigo endereço. Nenhum aceitou. Levei os mais acadêmicos para minha universidade e a acolhida não foi entusiasmada.

Consegui doar muitos para presídios, onde a falta de acesso fácil à internet ainda torna o livro físico um valor.

Talvez eu esteja vendo o fim da tradição de Alexandria e outros centros bibliotecários. Será que bibliotecas serão como as canetas-tinteiro que coleciono? Peças antigas, bonitas, evocativas, porém há muito suplantadas por similares mais práticas e fáceis?

Recentemente, estive em uma das maiores bibliotecas do mundo: a Britânica, de Londres. Admirei uma exposição com a Magna Carta e outros documentos extraordinários. Ao subir aos andares mais elevados, encontrei, claro, quilômetros de estantes com livros de bela encadernação. O óbvio ocorria a minha frente: a maioria absoluta dos seus muitos frequentadores estava lendo em... *tablets*. A biblioteca era um espaço de silêncio e de *wi-fi* potente. Vi que as obras antigas e mais delicadas eram todas digitalizadas e a biblioteca oferecia uma enormidade de títulos para serem baixados.

Toda geração cria nostalgia com sua tecnologia, mesmo a superada. Eu, *baby boomer*, olho com simpatia uma fita K7. Sei que meus sistemas de baixar músicas garantem mais clareza de som e muito mais praticidade. O que me faz sorrir ao reencontrar a peça é, por certo, uma nostalgia da infância ou uma lembrança de que guardo segredos históricos do passado desconhecido pelos jovens. Que adolescente saberia hoje dar aquela "puxadinha" no braço do toca-discos para iniciar o movimento rotatório do disco de vinil? Qual a utilidade desse conhecimento? Nenhuma...

O importante é o conhecimento, não o livro. Quero aprender e não valorizar um suporte específico, o livro *in-quarto* em papel feito a partir de celulose. Conhecimento pode estar em papiro, pergaminho, papel ou na tela. O saber é o substantivo, os adjetivos são secundários. A rigor, nada se perderia com o fim dos livros físicos, escaneados, digitalizados, guardados na nuvem e acessíveis a ainda mais leitores. Morrendo minha geração, provavelmente, livros podem ser vistos como um console de Telejogo. Alguém ainda lembra ou sente falta?

A minha biblioteca privada vem diminuindo e só conservo obras raras, livros afetivos ou autografados por escritores conhecidos. Baixo mais livros do que compro novos em papel. Suponho que, em alguns anos, prédios de bibliotecas serão como os templos egípcios no vale do Nilo: imensos, solenes, narradores pétreos de uma glória antiga e, sem fiéis ou sem deuses, apenas com turistas e *selfies*. Será que todos terão consciência de que aqueles templos foram construídos também porque havia saberes em bibliotecas?

Minha rinite melhorou com a novidade, minha alma sempre será melancólica com o fim dos livros físicos. Será que um dia terei no quarto só a senha do *wi-fi* e os computadores para ver fotografias?

O suave roçar da língua

Quero falar da última flor do Lácio. Claudico na norma culta mais vezes do que seria lícito em alguém que se dedica à fala e à escrita de forma profissional. Mesmo assim, desde a infância, sou seduzido pelas ninfas do Tejo que Camões invocou. Nos bancos escolares, mal a professora ensinava que "plúmbeo" era o adjetivo de "chumbo" e sinonímia de "cinzento", eu já incorporava o termo: "Que tom plúmbeo no céu!". O mesmo ocorreu, recordo-me vivamente, com o "marfim" ("ebúrneo"), a "prata' ("argentina") e o "bronze" ("êneo"). Não se preocupe tanto, querida leitora e estimado leitor, depois fiz anos de terapia e consegui dedicar mais energia a outras áreas e ficar ligeiramente menos estranho do que eu era.

O aumento do léxico não chegava a ser um amor à língua em si, porém uma curiosidade sem foco e um exibicionismo infantilizado. Eram prazeres esnobes de novos-ricos lusófonos, exibindo fina pátina no desejo de pretender algo além do cenário teatral de poucas palavras fora do comum. Descobri que os nascidos em São Luís eram ludovicenses, os de Salvador da Bahia, soteropolitanos, e, *crème de la crème*, os naturais de Jerusalém deveriam ser chamados de hierosolimitanos e pronto! Passava a engastar os novos gentílicos até no cachorro-quente da cantina.

Em nosso país, o saber bacharelesco sempre foi revestido de um tom barroco das palavras. A fala grandiloquente, as expressões raras, a ênfase na exceção ou a fixação em regências lusitanas em detrimento do uso brasileiro eram valorizadas. Vocabulário exuberante e o domínio do caso minúsculo caracterizavam o bem-falar. O arquétipo ficcional era o professor Astromar de *Saramandaia*. Falar difícil, mais do que falar bem, era qualificativo de boa origem e confiabilidade. Historicamente, o povo brasileiro foi saqueado por bacharéis engastando mesóclises no despacho fraudulento. Gramática e ética não eram gêmeas, porém tal tema foge do propósito de hoje.

Exemplo extremo da infeliz associação de inteligência à riqueza formal de termos, a poesia de um obscuro maranhense avulta: "Tu és o quelso do pental ganírio/Saltando as rimpas do fermim calério/Carpindo as taipas do furor salírio/Nos rúbios calos do pijom sidério". Não entendeu nada? O objetivo era exatamente esse. Destituído de beleza literária, o texto é um aranzel pedregoso, desejando impressionar a chamada "cidade das Letras", o círculo erudito que Angel Rama identifica como legitimador do poder.

Reparei que muitos concursos não pedem o domínio desejável da interpretação de texto e compreensão básica das estruturas da língua, porém a exceção, o preciosismo, o detalhe pouco usado. O pretérito mais-que-perfeito do indicativo parece ser mais cobrado do que o banal pretérito perfeito. Há muitas "pegadinhas" gramaticais nas provas. Abunda o "vós". Saber a língua parece ser, para horror de teóricos como Marcos Bagno, o registro fóssil de uma norma que D. Dinis, o rei-agricultor, acharia correta nos albores do idioma.

Preciosismo nos dominou como indicador social e distintivo de classe. O rococó vocabular foi metralhado desde o modernismo. A praça foi dominando sobre as nuvens, a ágora venceu a acrópole.

Chegamos ao polo oposto. A fala empobrecida virou virtude no século XXI. Um único termo como "só" ou "né" passou a abarcar todo o universo de expressões, um verdadeiro Aleph borgiano. O excesso de arcaísmos foi vencido pelo domínio do neologismo, da gíria e da onomatopeia. Em comunicação virtual, imagens e rostos conseguiram uma vitória quantitativa. As pinturas das cavernas chegaram à vanguarda da comunicação.

Houve uma época em que associávamos bem escrever ao tom gongórico. Emergiu um novo valor: só poderíamos usar a livre expressão e a sala de aula teria por missão confirmar o uso da língua da rua e do bar. A acrópole passou a ser vista como puro elitismo a ser superado.

Entendo que não se deva ignorar o uso contemporâneo da língua. Nunca deveríamos transmitir que a gramática seja uma camisa de força necessária e imutável. A função educativa não é apenas reforçar o ponto no qual se encontra o saber de um aluno, mas, a partir do que ele conhece, ampliar, aprofundar, estimular a consciência das diferentes formas e normas da língua. Dominar o português é saber usar códigos distintos em situações variadas para atingir seu objetivo de comunicação. As nuvens e o solo fazem parte da paisagem comunicativa.

A alfabetização (processo que começa na infância e prossegue, inconcluso, até o dia da morte) é a área mais importante de todo projeto escolar. Ler, escrever, interpretar e comunicar antecede todos os outros saberes. Meu sonho é que todos consigamos evitar duas armadilhas: o estudo da língua não pode ser um túmulo no qual devamos sepultar vivos os usuários ou, de forma antípoda, estimular apenas que cada um ande a esmo e nu pelo jardim da lusofonia. O primeiro defeito ignora o indivíduo real, o segundo ignora a comunidade de falantes.

Repito a ideia que lancei há alguns anos: minha língua não é túmulo nem subjetividade absoluta. A comunicação é fluida, porém não é só minha nem pertence aos gramáticos. Língua é patrimônio comum no qual posso expressar minha subjetividade. Língua é viva, não nasceu comigo e não deveria morrer na minha boca. Língua é ponte e não torre isolada. Quero minha língua roçando na de Camões, como desejava um baiano ilustre.

O rio da minha aldeia

Fernando Pessoa expressou uma identidade local poética. O rio da sua aldeia não era o Tejo, porém era um anônimo e pequeno curso d'água que ele conhecia e amava. Como diz com a voz de Alberto Caeiro: "O rio da minha aldeia não faz pensar em nada, quem está ao pé dele está só ao pé dele".

É quase um "cacoete" regional. Sim, o estado mais rico é importante, sim a metrópole tem mais luzes do que o centro urbano do meu vale, porém... não são minha aldeia ou meu local de identidade.

Nasci e cresci no Rio Grande do Sul. A identidade gaúcha é forte e fornece amplo material de humor para muitos brasileiros mais ao norte. Eu diria até que meu estado natal tem hipertrofia de identidade. Muitas unidades da Federação têm uma identidade em torno das suas virtudes reais ou imaginadas. Há orgulho imenso em ser mineiro, pernambucano, paulista, baiano ou paraense. As piadas criam tipos ideais a partir das idiossincrasias regionais: "Um gaúcho encontra um mineiro na estrada e...". Parece haver menos anedotas sobre o povo do Amapá ou de Rondônia.

Na infância, eu pensava coisas como: "Nossa, como os cearenses têm sotaque", incapaz de perceber o meu. Há dados mais curiosos. O tomate é uma fruta domesticada no México. Desde criança aprendi o que me parecia óbvio: o tomate grande (tipo caqui) é conhecido no Rio Grande do Sul como "tomate gaúcho". Surgiu no pampa? Foi criado no rio Jacuí? Não, mas é gaúcho. O pequeno (tipo italiano) é comprado nos supermercados meridionais como "tomate paulista". Chamar o pão pequeno de "cacetinho", o doce pastoso para passar no pão de *"schimmier"*, "pardal" para radares na estrada e identificar uma colisão de carros como "pechada" era, para mim, o mais normal e tradicional dado da natureza. Voltamos à hipertrofia da identidade. Aliás, como os gaúchos sabem e os paulistas não imaginam, no Rio Grande o caqui é comprado como cáqui e o kiwi (pronunciado em todo o país como "quiuí" oxítono) é, nos pagos do Sul, "quívi", paroxítono e com um "v" bem sonoro.

Veja, querida leitora e estimado leitor: não se trata de identificar apenas o regionalismo: come-se aipim em Porto Alegre e no Rio de Janeiro, mandioca em grande parte do Sul e do Sudeste e macaxeira em quase todo o Nordeste. Não temos apenas a constatação de que a mandioquinha vire batata-baroa ou batata-salsa a depender da região. A hipertrofia da identidade ocorre quando você acha errado ou estranho que o outro tenha um nome "incorreto" para algo que você conheça de outra forma.

A identidade regional é, muitas vezes, positiva. Em um mundo cada vez mais globalizado e uniforme, é motivo de um lucrativo turismo a presença da diferença como fator atrativo. Ter orgulho da sua terra é importante para que não se vire um macaco de grandes centros ou imite modas externas apenas por conferir maior valor ao que é, simplesmente, de fora. As diferenças, dentro dos limites da lei e da ética, são saudáveis e estimulam o pensamento, impedindo que eu funda meu ser ao universal ou que, dizendo de forma mais técnica, combine o significado com o significante. Uma rosa continua sendo uma rosa, mesmo que tivesse outro nome, pondera a sábia Julieta na peça de Shakespeare. Um "sinal", "semáforo" ou "sinaleira" continua sendo uma peça com eletricidade e três cores para fins de organização do fluxo no trânsito.

A riqueza da língua é parte da história e sua variedade local precisa ser mantida. Reconheço os regionalismos brasileiros por viajar muito, inclusive seus desvios da norma culta. Sei que cheguei a um lugar específico quando se usa o "tu" sem concordar com o verbo. O mesmo ocorre quando encontro expressões da laia de "com nós" ou "a janta está servida": são bússolas que indicam em qual local aterrissei. Apenas o "mim fazer" é fator de união nacional. O "mim" fulgura soberano, sem preferência específica por uma capital. Língua também é identidade.

A identidade regional é faca de dois gumes afiados. Positiva, como já identifiquei, atrai turistas e marca uma fronteira para que eu seja mais autêntico e não um papagaio do que imagino ser o correto dos grandes centros. Negativa, ela protege preconceitos graves, inventa glórias e importâncias inexistentes e pode até oprimir terceiros. Identidade une e pode conter ódios para serem projetados na diferença.

Curiosamente, foi um gaúcho de São Borja que proibiu o orgulho de identidades locais e eliminou bandeiras estaduais, hinos e até impostos regionais. Getúlio Vargas queria enfatizar o nacional e a unidade durante a ditadura do Estado Novo. Afastado o ditador, voltaram a florescer a celebração de datas locais, sendo todas derrotas diante do nacional. Assim, celebramos Guerra dos Farrapos no sul, o Movimento Paulista de 1932, a Cabanagem, no Pará, ou a Balaiada, no Maranhão. Todos eram separatismos que foram sufocados pelo poder central. A linda bandeira de Pernambuco remete a uma sedição esmagada e vencida pelo Império. Todos celebramos a independência da parte que não continuou.

O rio da minha aldeia é tributário do Tejo, dissolve-se nele e tem destino óbvio dos regatos: perder-se nos grandes caudais. O equilíbrio pode estar aí: perceber o caráter único do meu rio e não supor que ele mova o mundo todo ou seja o ponto mais importante da grande bacia hidrográfica universal. Tudo flui, como desejava o bom Heráclito. O que fica parado apodrece, seja o Guaíba, o Amazonas ou o Tietê. O rio da minha aldeia é sempre lindo, basta eu entender o possessivo "minha" sem confundir a parte e o todo.

Traduzir

O dia de São Jerônimo, padroeiro dos tradutores, é 30 de setembro. Homem de cultura erudita e gênio difícil, o chamado "dálmata selvagem" foi assistente do papa Dâmaso no fim do século IV. Assim, nesta data também é comemorado o dia dos secretários e das secretárias. A obra máxima do santo é ter traduzido a Bíblia do grego e do hebraico para o latim. A versão das escrituras feita por Jerônimo, chamada de *Vulgata*, foi oficial para os católicos pelos séculos seguintes. No Renascimento, o debate sobre as traduções e quais os livros deveriam ser integrados ao cânone bíblico foram uma das origens da reforma religiosa. Traduzir era um gesto político e religioso na primeira modernidade.

Em geral fazemos uma pergunta linear: a tradução é boa? A resposta é complexa. Sim, existem erros graves que vão de opções equivocadas de vocábulos até sentidos muito distintos do texto original. Há questões mais intrincadas como ser mais literal ou optar por se descolar do texto original para que o público leitor entenda melhor. Em todo gesto de mudar a língua existe entropia, ou seja, perda do sentido original. Multiplicamos notas de tradução tentando reforçar o motivo da nossa opção e, mesmo assim, jogos de palavras, humor, expressões regionais e rimas perdem-se no éter entrópico.

Hamlet anuncia que vai se deitar no *lap* de Ofélia. A jovem recua horrorizada como se ouvisse uma agressão vulgar. Os muitos tradutores de Hamlet optaram pela versão pudica e literal: *lap* é sinônimo de "colo", e ele apenas estaria pedindo para deitar a cabeça em gesto quase filial e carinhoso. Por que Ofélia recua horrorizada? A palavra *lap* também era sinônimo de uma expressão tosca para o baixo corporal feminino, o ofensivo termo iniciado pela sílaba formada pela segunda letra do alfabeto mais a última vogal (ufa, que volta), mais comum em paredes de banheiros públicos do que em traduções shakespearianas. Assim entendemos o horror de Ofélia diante da vulgaridade do príncipe. E a cor e ritmo da língua? Como você colocaria em inglês ou alemão nossas expressões como "ziriguidum"? Lá vai outra imensa nota do tradutor. Em outras ocasiões, existe a perfeita palavra, como podemos traduzir o substantivo *merde* do francês para o português com o mesmo número de letras. Problema: o povo de Paris usa o termo em sala de aula sem achar que tenha o mesmo peso agressivo que damos ao vocábulo por aqui.

Meu Waze anuncia que há um radar "reportado" à frente. Reflito sobre o anglicismo. "Reportado" foi alvo de uma reportagem jornalística? Por que não visto, avistado, indicado, sinalizado, percebido, localizado? Outra pergunta: fora o purista da língua, algum motorista teria dificuldade com a mensagem? A eficácia é integral e poderia sacrificar a lusofonia? As traduções adaptativas ou antropofágicas são comuns entre nós. Deletamos, printamos e reportamos com alegria. Muitos brasileiros olham para o espaço separador das roupas e dizem em tom fechado: "clôset", pronúncia estranha para nativos do rio Avon que insistiriam em abrir: "clóset". O mais curioso é que, a rigor, quem possui um "clóset" teria, possivelmente, condições de ter aperfeiçoado sua pronúncia. Somos tradutores de sons, igualmente.

Mário de Andrade havia lembrado (*Macunaíma*) que somos um povo tão rico, tão opulento, que temos uma língua para escrever e outra para falar. Walter Scott escreveu que, nas ilhas britânicas, o porco morria *"swine"* e chegava à mesa como *"pork"*. Entre o termo anglo-saxão e o de origem latina está parte da história britânica: camponeses falam uma língua germânica e a da elite é de origem continental normanda. A diglossia, a existência de duas línguas dentro de uma, existe até hoje. Temos termos de latim vulgar e erudito para muitas palavras e a opção do escritor ou falante denuncia origem e estudo. "Fogo" ou "ígneo", "cavalo" ou "equino"? Entre os substantivos e adjetivos existe uma vala social. Quando eu traduzo, devo notar também tais questões. Quando há personagens de classes sociais distintas em Shakespeare, como a ama da peça *Romeu e Julieta* ou o porteiro de *Macbeth*, as palavras que uso em português devem refletir as inflexões que o bardo deu às personagens. A ama e o porteiro usam expressões e indiretas de baixo corporal estranhas para Lear ou Macbeth.

Traduzir é arte combinada com conhecimento, técnica e intuição. Todas as traduções envelhecem, felizmente, pois mostram a vivacidade das escolhas e seu indefectível tom orgânico.

Somos tradutores todo o tempo. Você traduz do ponto de vista psicológico quando adapta a frase exagerada da sua tia de que está morrendo e você sabe que se trata de um resfriado. Você traduz quando ouve o "não" da sua esposa ou do seu marido e interpreta se ele ou ela, de fato, quer dizer sim, talvez ou, peremptoriamente, não. Viver é traduzir, ressignificar, adaptar, compreender, refazer, trair, ser literal ou fugir do original em bela licença poética. Uma das grandes surpresas de tradução social de todo brasileiro em alguns lugares do exterior é perceber que 14h significa, exatamente, duas da tarde e não uma zona cinzenta a partir da qual, lentamente, começamos a contabilizar o atraso. Como eu traduziria para um alemão a frase inicial do evento no qual fui palestrante há pouco e que, marcado oficialmente para 19h, sendo já 19h40, o mestre de cerimônias anunciou solene: "Vamos começar agora para não atrasar". Um teuto entraria em colapso conceitual: "Como assim, já estão atrasados 40 minutos!". Até os números devem ser traduzidos de cultura para cultura.

Traduzir é compreender ao máximo dois sistemas e lançar luzes sobre dois continentes separados pela maior fronteira humana: a cultura da língua. Minha homenagem hoje aos profissionais que fazem pontes e diminuem minha imensa ignorância. Possibilitam que eu leia muitos textos que seriam inacessíveis no original e que, acima de tudo, sofrem na cabina quando eu falo para plateias bilíngues. Parabéns a todas e todos tradutores do Brasil. Um voto especial de carinho a minha amiga Valderez. O mundo precisa muito de gente que facilite a compreensão.

O autor

Leandro Karnal é historiador, professor, escritor, colunista fixo do jornal *Estadão*, palestrante e formador de opinião nas redes sociais. É autor e coautor de obras de ampla aceitação no mercado brasileiro. Publicou, pela Contexto: *Estados Unidos: a formação da nação*, *História da cidadania*, *As religiões que o mundo esqueceu*, *O historiador e suas fontes*, *História na sala de aula*, *História dos Estados Unidos*, *Conversas com um jovem professor*, *O Brasil no Contexto: 1987-2017*, *Diálogo de culturas*, *O mundo como eu vejo*. O livro atual é o terceiro a reunir as crônicas do jornal e apresentar por meio delas um retrato do Brasil e do mundo pela lente de Karnal.

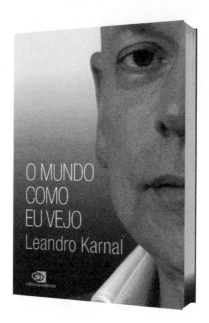

O MUNDO COMO EU VEJO

Leandro Karnal

"O leitor é um bom julgador quando se alegra e quando se irrita. Ele existe como conceito e como comunicação real. Tenho quem me ame por princípio e, claro, desenvolvi os *haters* sistemáticos. A rigor, ambos me procuram e analisam. Um dos aprendizados da grande mídia é que a responsabilidade do autor sobre o texto é vaga. Solto ao ar, como pluma de cinco mil toques, desperta tudo ao sabor de um vento subjetivo. É um gesto de humildade do autor não querer dominar ou dirigir a hermenêutica do leitor. Ela pertence ao imponderável e ao subjetivo. Mais uma vez recorro ao meu estimado leitor e à minha querida leitora: discordem, concluam, concordem ou lamentem, mas sempre leiam e formem sua própria peça multifacetada da aventura do saber. A magia do conhecimento é maior do que todos nós."

Leandro Karnal

Cadastre-se no site da Contexto
e fique por dentro dos nossos lançamentos e eventos.
www.editoracontexto.com.br

Formação de Professores | Educação
História | Ciências Humanas
Língua Portuguesa | Linguística
Geografia
Comunicação
Turismo
Economia
Geral

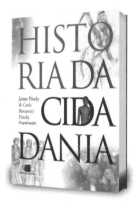

Faça parte de nossa rede.
www.editoracontexto.com.br/redes

Promovendo a Circulação do Saber